蔡志忠作品

蔡志忠 編繪
Tsai Chih-chung

菜根譚解密

Interpreting the Caigentan

目錄

序

世人生活哲學的箴語

先跟各位讀者致歉，書名《菜根譚解密》是為了一系列講解國學作品所取的書名。《心經》、《論語》、《莊子》、《禪宗》這幾本書確實有密可解。

但《菜根譚》是明代道家隱士洪應明結合儒、釋、道三家的論述，所編寫出來攸關修養的著作，提供世人為人處世的生活哲學。內容明確、淺顯易懂、無密可解。不過由於我畫過很多先秦諸子百家思想和佛學禪宗漫畫，對儒、釋、道三家的緣起和中心思想，有不少個人心得可以提供給各位讀者。洪應明是道家，他

對佛學禪宗有很深的研究，對儒家思想的鑽研更不在話下，更何況他文筆簡潔、言辭優美、對仗工整。

《菜根譚》是一部有益於陶冶情操、磨練意志的優良讀物。

我畫數十本諸子百家，但認識的新朋友第一句話往往是：「哇！你就是蔡志忠？我是從小看你的漫畫《菜根譚》長大的。」由此可知《菜根譚》普及率非常高，看過這本書的人一定百倍、千倍於看過《老子》、《莊子》的讀者。

雖然《菜根譚》不是艱深哲學，書中無密可解，但絕對是一本啟迪人生很重要的書。我盡可能將本書編寫得好看有意義，其中最重要的一點是希望通過這本書，讓讀者們更能掌握自己人生的方向與未來。

第I章 儒、釋、道三教合一

自古以來，儒家、釋家、道家是中國影響力最大、信眾最多的三個宗派。其教義都充滿智慧，勸人上進，修養自己，以達到為人處世最高典範。

雖然三家的思想語言各有不同，但各家說法還是深受人們喜愛。晉朝時期，天竺高僧鳩摩羅什的弟子僧肇融合儒、釋、道三家寫了一本《肇論》。

明朝萬曆年間，道家隱士洪應明看到宦官專權，神宗皇帝治國無

道，於是他稟承道家文化，以儒家中庸為核心，集修身、齊家、治國、平天下等大道思想，編寫出一本內容集合儒、釋、道三家精髓的勸世哲學箴語《菜根譚》。

由於《菜根譚》融會生活藝術，審美特色，鼓勵人們看開世間短利，奮發向上，描述得宛如唐朝布袋和尚〈插秧詩〉的境界：

手把青秧插滿田，低頭便見水中天；
六根清淨方為道，退步原來是向前。

《菜根譚》簡直就是第一部綜合儒、釋、道三家一體的國學作品，因此自明代以來，廣受世人歡迎，在中國風靡了數百年。

文人不分儒釋道

自六朝以來，很多文人雅士讀遍各類經典，儒、釋、道三家學者相互交往，跨越彼此界線。

晉朝陶淵明、唐朝白居易、宋朝邵雍、蘇東坡、晁補之等人看起來都像儒家，但從思想、作品來看，已無法將他們強分隸屬於哪一家了。

陶淵明

陶淵明不肯為五斗米折腰，雖身為儒家，但他的行為很道家，觀念很禪宗。

陶淵明說：「如果不知世上有我，怎知事物可貴？」

陶淵明還說：「我身尚非我所有，還會有什麼煩惱能困擾我？」

白居易

白居易當杭州刺史時，常去天竺寺，他跟天竺寺方丈辯才禪師是好朋友。

詩人常以禪堂寺院為題，創作詩作〈題靈隱寺紅辛夷花戲酬光上人〉：

紫粉筆含尖火焰，紅胭脂染小蓮花。

芳情香思知多少，惱得山僧悔出家。

白居易跟杭州鳥窠禪師也是好朋友，為他寫了一首〈鳥窠和尚贊〉：

形羸骨瘦久修行，一納麻衣稱道情。

曾結草庵倚碧樹，天涯知有鳥窠名。

他曾經向鳥窠禪師問禪。

白居易問：「眾生應如何修行？」

鳥窠和尚說：「諸惡莫作，眾善奉行。」

白居易說：「這連三歲乳兒也知道啊！」

鳥窠和尚說：「三歲乳兒知道，但百歲的老人幾乎都不能做到。」

後來白居易常說：「人生要放任自己的身心，一切聽由自然造化。」

白居易晚年篤信佛教，成為彌勒信徒，號香山居士，是僧如滿的弟子。

邵雍

邵雍說：

「能休塵境為真境，未了僧家是俗家。」

「昔日所說我，而今變成他；不知今日我，以後變成誰？」

晁補之

宋朝詩人晁補之說：

「人生要收斂自己的身心，寂靜不動使之歸於寂定。」

蘇東坡

蘇東坡也到杭州當過太守，他對佛學禪宗非常感興趣，曾二度參訪當時中國最大的寺院——餘杭徑山寺，也寫了十首跟徑山寺有關的詩作：

「橫看成嶺側成峰，遠近高低皆不同；不識廬山真面目，只緣身在此山中。」

「溪聲盡是廣長舌，山色無非清淨身；夜來八萬四千偈，他日如何舉似人？」

「稽首天中天，毫光照大千；八風吹不動，端坐紫金蓮。」

蘇東坡出身儒家，他卻喜歡禪宗，跟佛印禪師是好朋友。

這幾首詩簡直是開悟禪師所寫的開悟偈。

三家同堂
有一次，善慧戴著道士的帽子、穿著和尚的袈裟和儒家的鞋子去見梁武帝……
道帽
僧衣
儒鞋
1
你是和尚嗎？
善慧指一指帽子……
2
你是道士嗎？
3
善慧指一指鞋子……
4
那麼，你是方內之人了？
5
善慧又指一指衣服……
6
啊……
道冠儒履佛袈裟，會成三家作一家。
7
禪是綜合了儒、道、佛三家，而用之於日常生活。

談山林之樂者
1
我希望能遁世隱居，享受山野林泉的生活。
那就去隱居啊！
2
經常談論隱居山林的人，不一定能領略隱居之樂。
唉，好寂寞哦。
3
不喜歡談功名利祿的人，不一定能忘卻功名利祿。
我最恨談這些俗不可耐的話題了。
4
名利
5
真能體會山林逸趣者，不會將之形於色表於言；真能淡泊名利者，早已超脫名利的觀念，心中無所謂的好惡。

當下隨緣，安分守己

釋氏隨緣，吾儒素位，四字是渡海的浮囊。

蓋世路茫茫，一念求全，則萬緒紛起。

隨遇而安，則無入不得矣。

佛家主張隨緣，儒家主張素位。「隨緣素位」四字是渡人生海洋的法寶。人生之道遙遠漫長，事事要求完美，必產生憂愁煩惱；凡事隨遇而安，處處都會產生悠然自得之樂。

釣水
1
2
死了！
太小了，放牠一馬吧。
3
4
釣魚本是清逸之事，卻含生殺大權。
活了！
5
下棋本是優雅遊戲，卻含勝敗之心。
勝
負
6
可見多事不如無事，來得舒適自在。
7
多才不如無才，能保全純真本性。
8
莊子說：「至樂無樂。」不需要借助於任何的逍遙，才是真逍遙。

知身非我，煩惱何侵

世人只緣認得我字太真，故多種種嗜好，種種煩惱。

前人云：「不復知有我，安知物為貴？」

又云：「知身不是我，煩惱更何侵？」真破的之言也。

世人只因為把「自我」看得太重，才會產生種種嗜好煩惱。

晉代田園詩人陶淵明說：「如果不知世上有我，怎知事物可貴？」

陶淵明又說：「我身尚非我所有，還會有什麼煩惱能困擾我？」

這真是至理名言。

歲月本長
1
歲月本悠長，
2
日子過得好快啊，名、利都到手了，人也老了。
而忙碌者使它變得短暫。
3
天地本寬廣，
4
你的路越走越窄了。
而心胸窄小者使它狹隘。
5
風花雪月本自閒，
6
那些花花草草有什麼好看的？
而勞慮者使它變成多餘。
7
若心中充滿了物欲，則精神變成了肉體的奴隸。人生的目的難道僅是名和利嗎？

能休塵境為真境，未了僧家是俗家

纏脫只在自心，心了則屠肆糟壥，居然淨土。不然，縱一琴一鶴，一花一卉，嗜好雖清，魔障終在。語云：「能休塵境為真境，未了僧家是俗家。」信夫！

一個人能否擺脫煩惱，在於自己的掌握心。內心清淨，即使生活於屠宰場或食堂也是一片淨土。反之即使一琴一鶴一花一卉，愛好雖高雅，魔障終在。北宋五子之一的邵雍說：「能休塵境為真境，未了僧家是俗家。」確實如此！

我貴而人奉之
1
我富貴時，別人奉承我，只是奉承我的富貴而已；
2
我貧賤時，別人侮辱我，
3
只是侮辱我的貧賤罷了。
4
不是奉承我本人，我何必高興？不是輕視我本人，我何必生氣？
5
名利地位原是身外之物，得之不足以為喜，失之不足以為憂。表面虛偽的事物，不能換取真情至性的流露。

得趣不在多
1
樂趣不在於多寡，
2
一方池塘、幾塊怪石，
盡得山水之樂；
3
一花一世界，一葉一如來。
4
會心不在於遠近，
5
草窗竹屋下，同樣可以邀納明月清風。
6
「參禪何需山水，滅卻心頭火亦涼。」
懂得體悟欣賞人生的人，隨處都能識得生命的真諦。

嗜寂者
1
喜好清靜的人，
觀白雲奇石，
便能領悟無聲的哲理。
2
喜歡繁華的人，
欣賞美妙舞蹈、
悅耳歌聲就忘了疲倦。
3
自得其樂的人，
無喧鬧、寂寞、
是非、得失，
永遠自在逍遙。
這個很不錯。
4
這個也非常好。
5
能了悟事理的人，
凡是處之泰然，
怡然自得，
心不為境所遷，
是逍遙的至高境界。

即心即佛，何待觀心

心無其心，何有於觀。
釋氏曰：「觀心者，重增其障，物本一物，何待於齊。」
莊生曰：「齊物者，自剖其同。」

心中無雜念，又何必觀心？
佛陀說：「觀心者，加重障礙；萬物本來一體，何必劃一平等？」
莊子說：「齊物者，是將完整的東西強行分割開來。」

心無物欲
心無物欲，
胸襟便成碧海秋空一樣開闊。
坐有琴書，
周遭便成山林石室一樣清靜。
心無物欲，方寸之間都是海闊天空。淡泊生活而能自得其樂，即能體會周邊每一事物的美妙之處。

不知今日我，又屬後來誰

人情世態，倏忽萬端，不宜認得太真。

堯夫云：「昔日所云我，而今卻是伊，不知今日我，又屬後來誰？」

人能常作如是觀，便可解卻胸中矣。

人情世故瞬息萬變，別太認真。

邵雍說：「昔日所說我，而今變成他；不知今日我，以後變成誰？」

人能常作如是觀，便可除去胸中煩擾。

希臘哲學家赫拉克利特說：「一個人不可能踩進同一條河流兩次。」

因為人已不同，水也不一樣了。

今日之我非昔日之我，當下情境非未來情境。

謙虛受益
1
欹器因裝滿了水而傾覆，
2
撲滿因空無一物而保全。
3
所以君子寧可處於無為，也不願處於爭奪境地；
有
無
4
寧可處於欠缺，也不願事事要求完美。
5
「弓滿則折，月滿則虧」，君子若能虛懷若谷，安貧樂道，則離正道不遠矣。
缺

驕矜無功
1
驕矜無功，
即使立下蓋世
功勞，
2
也抵擋不過一個
「矜」字的銷磨；
3
犯下滔天大罪，
4
只要及時悔悟也
可以立地成佛。
5
縱使功高蓋世，
但若驕矜自傲必自敗。
而犯下滔天大禍者，
若能由心底真誠地懺悔，
則罪過也就消失了。

一燈螢然
1
在微弱的燈光下，萬籟無聲，是身心安息之時。
2
清晨醒來，萬物還未開始活動，是身心醒覺之時。
3
如能趁此時內省，在理性光輝照耀下，
4
就知道耳、目、口、鼻都是靈性枷鎖；
目
耳
鼻
口
5
情欲即是誘人墮落的圈套。
6
人在就寢前、清醒後，是頭腦最清明的時刻，如能利用此時做自省的工夫，將獲益良多。

愛重反為仇
薄極反成喜
1
有時一碗飯的恩惠，能使人終身感激。
這碗飯給你吃……
謝謝！
2
即使花上千金，也難以獲得別人歡心，
這點小錢請笑納。
旁邊擺著吧！
3
過分寵愛反而容易變成仇恨。
你忘恩負義！
你偷雞摸狗！
4
而一點點恩惠，反會使人感激不盡。
想當年你曾救濟我一碗米飯解飢。
5
愛並不是建立在物質條件上，而是給予適時的關心。錦上添花，何如雪中送炭來得實在？

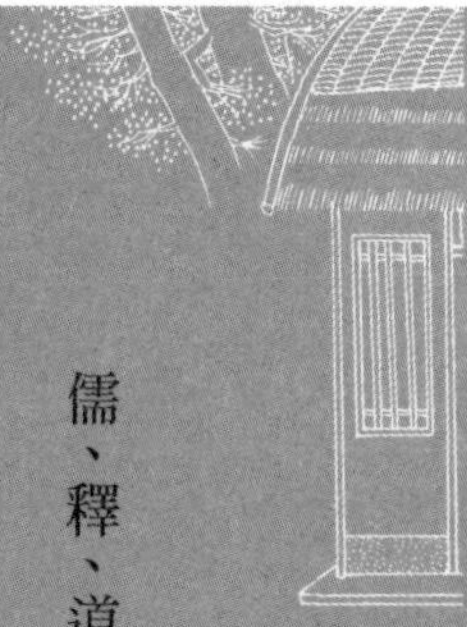

第2章 取名「菜根譚」的由來

儒、釋、道三家都一致推崇安貧樂道、達觀自信的處世態度。

快樂不在於物質享受，而是道家老子早悟通的人生真理，他樂於埋身在古籍經典中，安於當個周室藏書管理官員，平淡過一生。

《菜根譚》說：

濃酒美食、辣味甜品不是自然的口味；

真正自然的口味只是淡。

能甘於粗茶淡飯不為物役，抱負才得以伸張。

主張不要為了短暫的名利而委屈自己，人要像浮雲野鶴一樣，過自由自在的精神生活。

《菜根譚》的書名正出自於「咬得菜根香，尋出孔顏樂」的人生境界。

三家的處世之道

老子晚年隱退時，沒想要把自己的思想著書以揚名立萬。

他退休時，騎青牛到函谷關時，受總兵尹喜苦苦哀求，才寫下五千零七個字的《道德經》，這本書便成為道家最重要的經典。

莊子看透官場黑暗，厭惡仕途，他安於貧困，居陋巷，向人借糧，自織草鞋，穿粗布衣破鞋，甘於藏身隱居著書。

佛陀捨棄皇宮生活，到森林出家苦行，禪宗弟子參禪念經打坐，一日不作一日不食，自力更生，日中一食，過非常清苦的叢林修行生活。

孔子對弟子的生活要求也是如此。

顏回是孔門弟子中最好學的學生，孔子讚美顏回說：「賢哉，回也！一簞食，一瓢飲，在陋巷。人不堪其憂，回也不改其樂。賢哉，回也！」

孔子說：「君子吃不求溫飽、住不求安逸、做事有效率、出言謹慎、積極上進，這樣就算是好學了。」

「飯疏食，飲水，曲肱而枕之，樂亦在其中矣。不義而富且貴，於我如浮雲。」

春日氣象繁華
春天萬象更新，令人心曠神怡。
不過卻不如秋天雲淡風輕，蘭桂芳香。
水天一色，上下空明，使人身心舒暢。
春之繁華不若秋之清爽；年輕時為了物欲而衝刺奮鬥，不若中年後突破俗情而淡泊。

山林是勝地
1
山林本是勝地，一旦迷戀便成了喧鬧之地。
2
書畫本是雅技，一旦耽溺便成了市場經濟。
3
心無染著，欲界即是仙境。
4
心有掛牽，樂境即成苦海。
5
欲得淨土，當淨其心；隨其心淨，即佛土淨。若內心能保持純淨無染，則所到之處無不是人間仙境。

淡中知真味

醲肥辛甘非真味，真味只是淡，
神奇卓異非至人，至人只是常。

濃酒美食、辣味甜品不是自然的口味；真正自然的口味只是淡。擁有神奇特異才能的人，不是最高超的人；最高超的人，言行只是平凡。刺激、神奇的事物不能長久，清淡平常才能保長。任何刻意成就的，往往失去了本來面目，自然才是真。

澹泊明志

藜口莧腸者，多冰清玉潔；
袞衣玉食者，甘婢膝奴顏。
蓋志以澹泊明，而節從肥甘喪也。

能甘於粗茶淡飯的人，心性必定玉潔冰清！
追求榮華富貴，錦衣美食的人，往往會因利益，而像奴婢那般去諂媚權貴。
甘於淡泊不為物役，抱負才得以伸張。貪圖物欲，名節因而喪失。
人不求人自然直，甘於粗茶淡飯的人，任何利益都不能使他改變立場。

松澗邊
松樹山澗邊，
拄杖獨行，
雲霧輕拂著破舊的衣袍。
竹影的窗前，
枕書高臥，
一覺醒來，
月影映寒氈。
「與閒雲為友，
以風月為家」
這種極美的情趣，
不需要什麼條件，
任何人都能獲得。

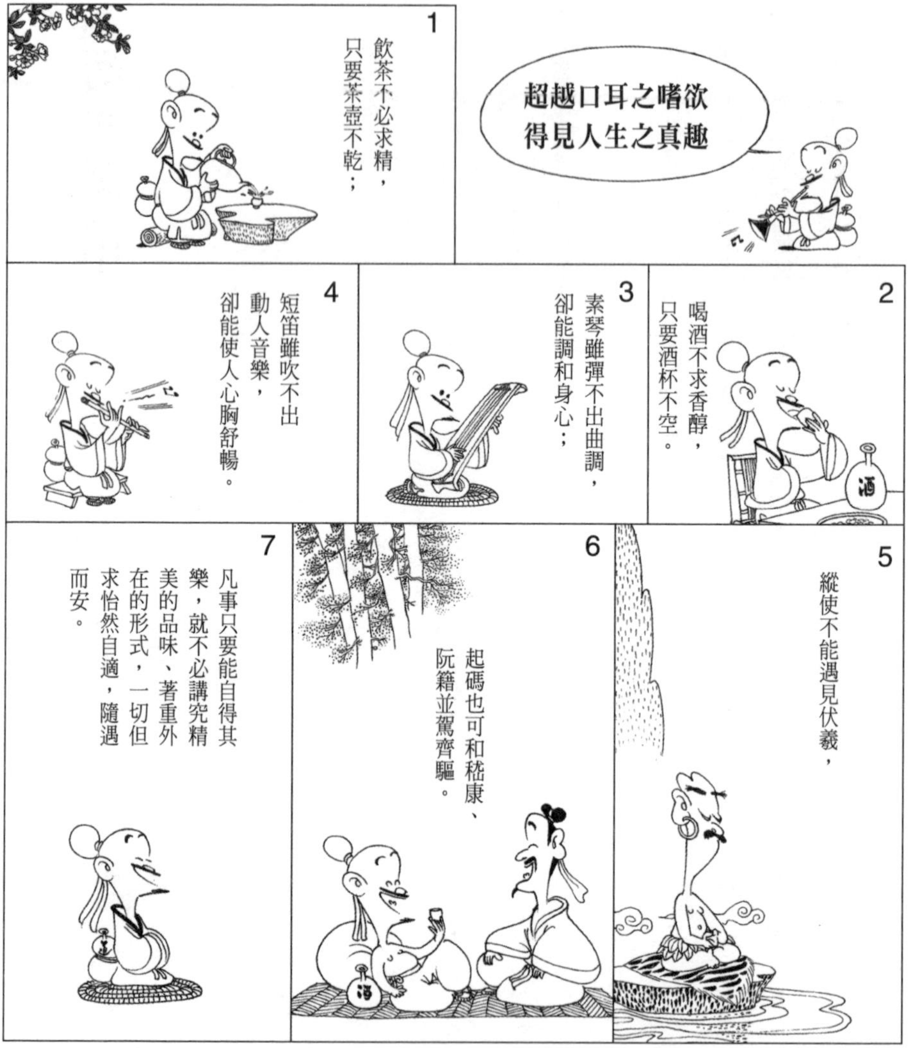
超越口耳之嗜欲
得見人生之真趣
1
飲茶不必求精，只要茶壺不乾；
2
喝酒不求香醇，只要酒杯不空。
3
素琴雖彈不出曲調，卻能調和身心；
4
短笛雖吹不出動人音樂，卻能使人心胸舒暢。
5
縱使不能遇見伏羲，
6
起碼也可和嵇康、阮籍並駕齊驅。
7
凡事只要能自得其樂，就不必講究精美的品味、著重外在的形式，一切但求怡然自適，隨遇而安。

神酣布被窩中

神酣布被窩中，得天地沖和之氣，
味足藜羹飯後，識人生淡泊之真。

能在粗布被窩裡睡得香甜，即能體會天地中和平的氣象！
能在粗茶淡飯中感到滿足，即能體會淡泊生活的美妙。
能將物質生活降到最低，即能在精神生活中得到最大的滿足，因為再無人能使你去做你不想做的事了。

修德須忘功名
1
追求學問應集中精神，
專心一致。
2
如果潛修道德時仍在意功名，
必得不到真實造詣。
3
讀書偏好吟詠詩文，
春有百花
秋有月，
夏有涼風
冬有雪……
4
必然不會用心
思考問題。
5
求學的目的是
涵養道德，
但若只重視
學識的增進，
或是附庸風雅地
吟風弄月，
這就失去了
求學的意義。

融合一體
自然人心
雪夜月天，
心境自然清明澄澈。
春風拂面，意念自然平和融洽。
自然和人的情緒變化，融為一體沒有間隙。
天地造化與人心原為一體，境隨心轉，心隨物化，心中卻除物欲，則能得自然之趣。

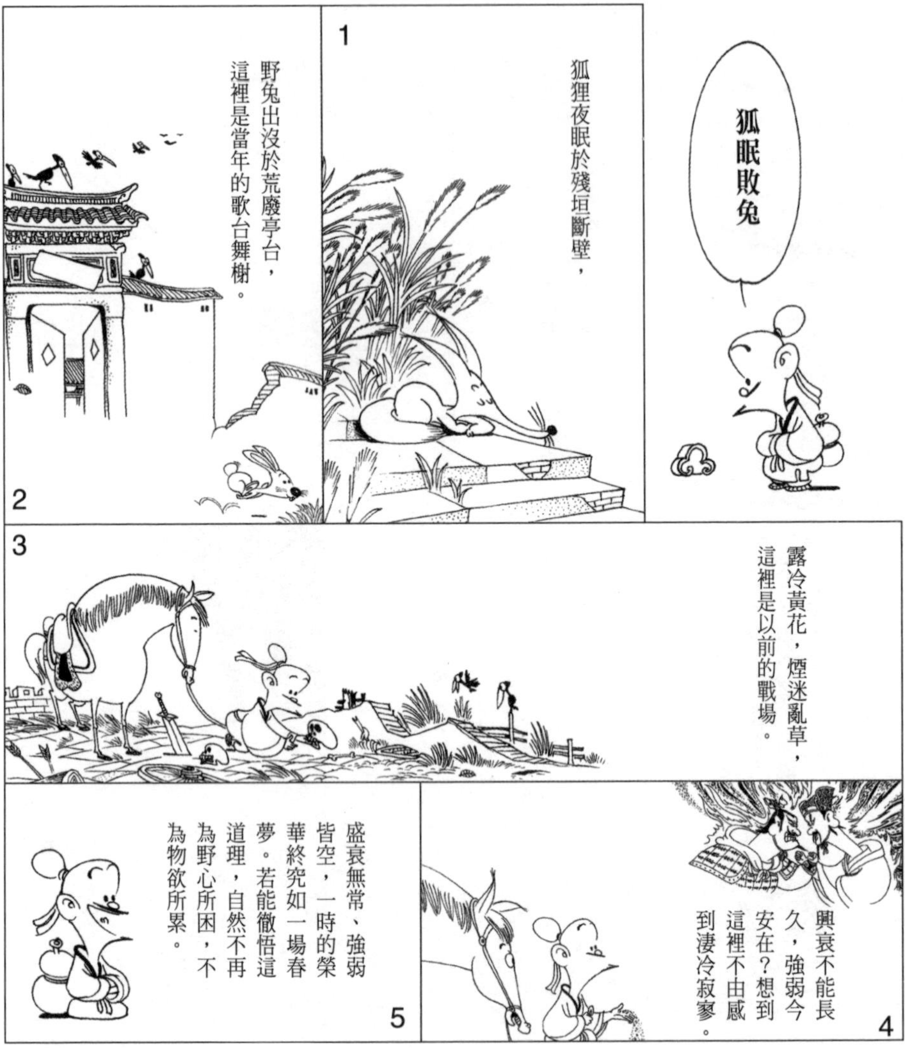
狐眠敗兔
狐狸夜眠於殘垣斷壁，
野兔出沒於荒廢亭台，這裡是當年的歌台舞榭。
露冷黃花，煙迷亂草，這裡是以前的戰場。
興衰不能長久，強弱今安在？想到這裡不由感到凄冷寂寥。
盛衰無常、強弱皆空，一時的榮華終究如一場春夢。若能徹悟這道理，自然不再為野心所困，不為物欲所累。

斷絕思慮
光風霽月
1
身處斗室，
一切念頭都拋腦後，
2
管他什麼畫棟雕梁、
珠簾捲雨；
3
淺酌三杯，
真情流露，
4
唯有月光下
琴弦輕撥，
5
短笛迎風吹奏。
6
對酒當歌，人生幾何？
譬如朝露，去日苦多！
人若能拋開思慮，即能
真切體會享受人生。

不必談禪
澈見自性
什麼是禪？
本性澄明的人，吃飯喝水，
肚子餓了就吃飯，疲倦了就睡覺。
1
能在粗茶淡飯中感到滿足，
2
即能體會淡泊生活的美妙。
3
能將物質生活降到最低，即能在精神生活中得到最大的滿足，因為再無人有能力令你去做你不想做的事了。
4

第3章

菜根譚中的儒家思想

儒家學說由孔子所創立，乃繼承夏、商、周三代傳統文化所形成的思想體系。

孔子說：「做一個學生在家要孝順父母；出外應當要恭敬尊長；做事謹慎而說話誠信；更要博愛眾人而親近有仁德的人。在實行這些德行以外，還要努力用功讀書。」

孔子認為教育的目的是要培養從政的君子，而君子必須具有高尚的道德品質修養，強調教育須將道德置於首要，他教導學生

「孝、悌、忠、信、禮、義、廉、恥」人生八德。

孔子說：「吾道一以貫之，無非忠恕兩字而已。」

對內要做到「忠」：有自知之明，注重修養，吸取別人長處；在家孝順父母尊敬師長；對朋友言而有信，講義氣；為官要清廉愛民，對待上司要忠誠，扮演好自己的角色，做好分內的事。

對外要做到「恕」：與人相處要站在對方的立場思考，處處為別人著想，人際關係要和諧，確實做好君臣、官民、朋友、師生、父子、夫妻、兄弟之間關係。

忠恕做到止於至善，為人處世達到完美道德人格，就是「仁」。

仁就是人與人之間的和諧關係，仁人的極致就是聖人。

孔子對仁的要求

孟武伯問孔子：「子路做到了仁嗎？」

孔子說：「我不知道。」

孟武伯又問。

孔子說：「在擁有一千輛兵車的國家裡，可以讓仲由管理軍事，但我不知道他是否做

到了仁。」

孟武伯又問：「冉求這個人如何？」

孔子說：「在千戶邑地或百輛兵車之家，可以讓冉求當個總管，但我也不知道他是否做到了仁。」

孟武伯又問：「公西赤又如何？」

孔子說：「可以讓公西赤穿著禮服，在朝廷接待貴賓，但我也不知道他是否做到了仁。」

子張問：「子文三次做宰相沒感到高興；三次被免職也沒感到委屈。卸任前總是認真辦理交接事宜，這個人怎麼樣呢？」

孔子說：「算是忠啊！」

子張問：「算仁嗎？」

孔子說：「不知道仁，哪來仁？」

子張又問：「崔子殺了齊莊公，陳文子拋棄家產逃到鄰國，他說：『這國的大夫同崔子一樣。』又逃到另一國，他又說：『他們同崔子一樣。』於是又逃走。怎樣？」

孔子說：「算清明了。」

子張問：「算仁嗎？」

孔子說：「不知道仁，哪來仁？」

孔子說：「如果說我是聖人或仁人，我怎麼敢當呢？不過倒是可以這樣說我：永不滿足自己的修養，教導別人從不感到疲倦。」

超越天地之外
1
爵
義
別人高官顯爵，而我堅守節義，
2
仁
富
3
君子絕不被高官厚祿籠絡。
4
一個人若能堅決奮鬥，必能戰勝環境；集中意志能變化氣質。
5
因此君子不被造物者主宰。
6
一個有為有守的君子，應以仁愛待人，以道德處世。不因別人而動搖心志。寧可做個自由人，何必為名利富貴所困？

彼富我仁，
彼爵我義，
君子固不為君相所牢籠；
人定勝天，
志壹動氣，
君子亦不受造物之陶鑄。

學而優則仕

孔子鼓勵學生要有志氣有理想，刻苦自己，努力學習，成為一個學有專精的君子，學而優則仕，學成之後到社會當官做事。

季康子問孔子說：「仲由可以當官嗎？」

孔子說：「仲由做事果斷，當官有什麼困難呢？」

季康子又問：「端木賜可以當官嗎？」

孔子說：「端木賜通達事理，當官有什麼困難呢？」

又問：「冉求可以當官嗎？」

孔子說：「冉求有才能，當官有什麼困難呢？」

居官有二語
1
明鏡高懸
當官有兩句格言：
公正而無私，
才能清明判斷。
2
清廉不受賄，
才能保持威嚴。
3
治理也有兩句格言：
與人為善，才能心情舒暢。
4
勤儉節約，才能豐衣足食。
5
居官當以公廉持身，
才能受人尊敬仰慕。
治家當以恕儉持身，
才能使家庭和樂安康。

充滿人性的孔子

孔子周遊列國十四年，推展自己的治國理念，但得不到列國君主賞識。路上遭受隱者長沮、桀溺和楚國狂人接輿、衛國扛草筐者、魯國隱士微生畝等人嘲諷時，孔子有雅量接受別人批評，他風度絕佳沒出言反駁，而是自我解嘲一笑置之。孔子處處不得志，四度面臨被困斷糧危機，當他面臨生命危險之時，依舊面不改色，充滿自信。他樂天知命，自在地對弟子講經授課、彈琴高歌。孔子能修養到這種境界，正因為他有一套自己的人生哲學。

孔子說：「人人喜歡富貴，如果以不正當手段取得，寧可不要富貴。人人厭惡貧賤，如果以不正當手段改善，寧可安於貧賤。君子去掉了仁心怎能算是君子呢？君子不違反仁道，平常時如此，顛沛流離時也如此。」

如果孔子的政治理念獲得支持，那麼他的成就充其量也只會跟管仲、子產媲美而已。由於孔子政治上不得意，迫使他將大部分時間用在教育上。成為中國有史以來最偉大的教育家、大思想家和世界十大文化名人之首。

大盜的大道理
柳下季是孔子的朋友，他有個弟弟叫作盜跖。盜跖有部眾九千人，橫行天下！
1
2
做父母的要管教兒子，做哥哥的要管教弟弟，現在你弟弟做大盜，橫行天下，你不能管管他嗎？
3
有的人就是不聽父兄的管教，那又有什麼辦法？
4
那就讓我去勸勸他吧！
5
我那弟弟個性強悍，如果你拂逆他，他就勃然大怒，我看你還是不要去嘗試吧！

6
孔子不聽勸告，還是帶著子貢與顏回，一起上山去會大盜。
7
將軍，孔子到山上來了，想見見你。
8
哇哇哇
!
9
你替我傳話給他，不要再妄稱文武、搬弄是非、迷惑天下君王。
10
不要再假借孝悌，欺騙士人，僥倖得到封侯的富貴。他的罪孽深重，趁早下山還來得及！
11
不然我就把他的心肝拿來當午餐吃了！
是！

12
將軍不想見你，你快走吧！
對不起，煩請再通報一下。
13
我是柳下季的好朋友，素聞將軍高義，特來拜訪。
14
丘！有話快說吧，如果說得不合我意，你就休想活著下山。
將軍請暫息怒。
15
天下有三種美質，第一種：身材高大、美好無雙。第二種：智慧包羅天下、能分辨萬事萬物的道理。第三種：勇敢果決、能聚集群眾、率領兵卒。
16
現在將軍一身而兼有這三種美德，可是卻做大盜，這不是太可惜了嗎？

將軍如有意聽我的淺見，我願說服諸國，請他們為將軍築一座大城，尊將軍為諸侯，不要再做大盜了。
哼！
哈哈哈！
可以用利祿去引誘、規勸的，都是一些凡夫俗子罷了。
想用富貴來引誘我，我難道不知道富貴只是過眼雲煙嗎？
再說最大的城，沒有比天下更大的了……
堯舜擁有天下，他的子孫現在在哪裡呢？湯武也曾擁有天下，他的子孫現在又在哪裡？天下的事情，有大利就有大害。
現在我做大盜殺人，畢竟有限，如果我做了諸侯，而假借仁義來殺人，那就更是禍患無窮了。

24
你今天所談的道理，都是我拋棄不要的謬論，距離大道太遠了。
唉！
唉！
唉！
25
我弟弟是不是冒犯你了？
26
我匆匆忙忙地去拔老虎的鬍鬚，幾乎被老虎吃掉啊！
27
孔子行仁義，當然不是欺詐。但是……有多少罪惡是假借仁義之名而行的呢？

心事宜明，才華須韞

君子之心事，天青日白，不可使人不知。
君子之才華，玉韞珠藏，不可使人易知。

君子心胸坦蕩有如青天白日，沒有不可告人之事。
君子的才學像珍珠美玉，珍藏不露不能輕易炫耀。

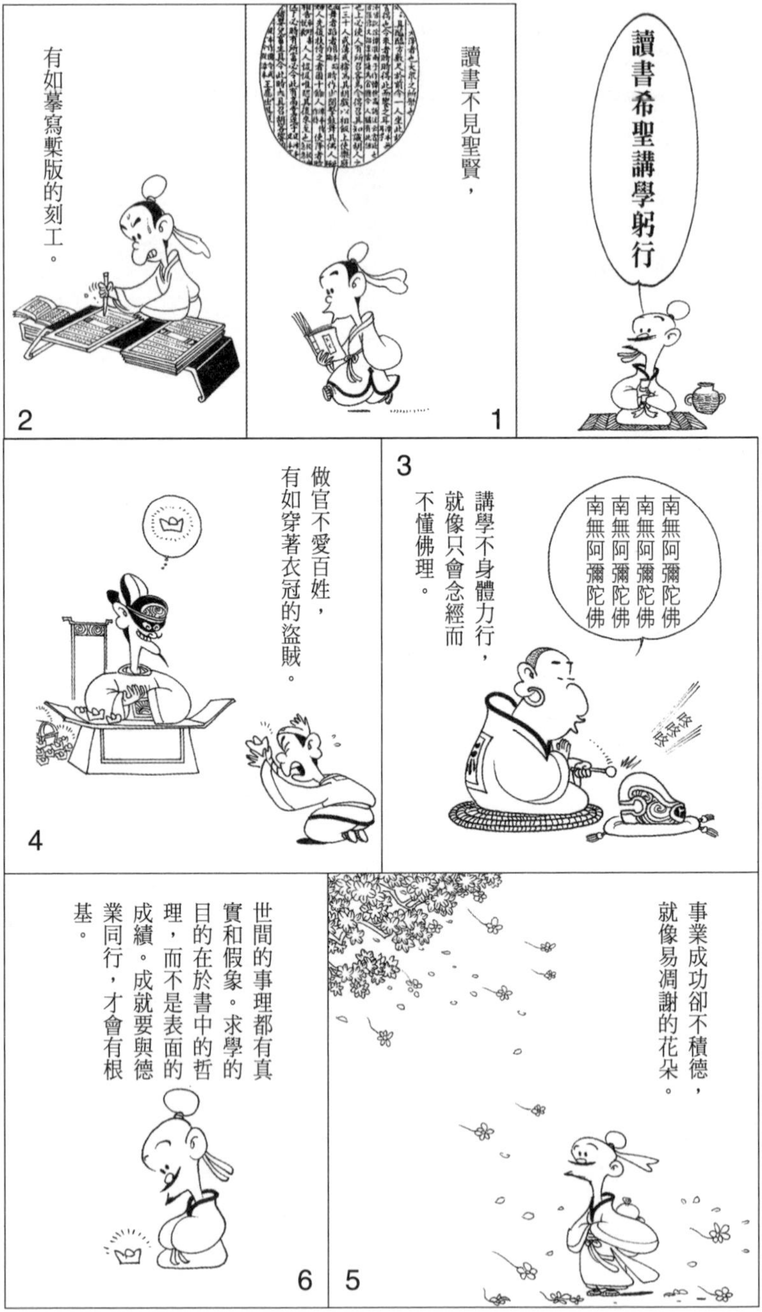

讀書不見聖賢，為鉛槧傭，居官不愛子民，為衣冠盜，
講學不尚躬行，為口頭禪，立業不思種德，為眼前花。

勢利不近，巧詐不知

勢利紛華，不近者為潔，近之而不染者為尤潔。智械機巧，不知者為高，知之而不用者為尤高。

不去接近權勢顯赫，就可保持自身貞潔，接近而能不為所動就更高潔了。不會權謀術數算是高明，會而不使用就更高尚了。

空不受染，水不留痕

彩筆描空，筆不落色，而空亦不受染；
利刀割水，刀不損鍔，而水亦不留痕。
得此意以持身涉世，感與應俱適，心與境兩忘矣。

彩筆描畫虛空，筆不會掉顏色，虛空也不受色所染；
利刀割水，刀刃不會受損，水也不會留下刀痕。
君子處世不改變周遭環境，也不受周圍環境影響，心境兩忘。

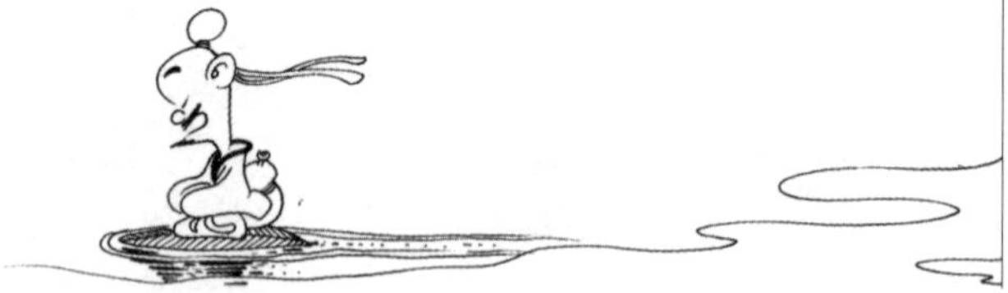

不畏權豪
不憂患難
君子處患難時，
並不憂慮擔心，
在宴飲遊樂時，
反而戒慎警惕。
君子遇權勢者並不畏懼。
看到孤苦無依的人，
則油然而起同情心。
君子處變不驚，不沉
湎於聲色酒肉中；君
子救弱扶傾，不恃強
凌弱、欺善怕惡。

平民肯種德施惠
1
平民能行善積德；廣施恩惠，
2
便是個沒有爵位的公卿宰相。
救難的菩薩啊！
3
官吏貪圖權勢地位，處處逢迎邀寵，
聖上真是英明啊，了不起！
4
便成了有官爵的乞丐。
多謝聖上聖明，謝謝！謝謝！
不錯，這官位施捨給你。
5
人的尊卑高下，並不在於地位的高低，而在於德行的有無。位居高官戀棧權位而對上逢迎奉承，這與乞丐有何差別？

留一步與人行

徑路窄處，留一步與人行；
滋味濃的，減三分讓人嘗。
此是涉世一極安樂法。

走在狹窄的小路上，路要讓一步給人行走。
遇到利益，何妨分出三分讓人同享。
這是立身處世的一種安樂法則。

「世事讓三分，天空地闊；
心田培一點，子種孫收。」
你對人謙讓幾分，人也對你客氣幾分。

飲宴之樂多
1
喜歡華美淫靡歌聲的人，
不是個好人家。
2
經常宴客作樂的家庭，
不是個好家庭。
3
名利權位觀念重的人，
不是個好臣子。
名
利
4
聲色、宴樂、名位
雖然都為人所好，
但必須懂得節制，
不可過分貪求，否
則必遭滅頂。

飲宴之樂多，
不是個好人家；
聲華之習勝，
不是個好士子；
名位之念重，
不是個好臣工。

不可乘喜而輕諾
1
不可因一時高興而輕許諾言，
放心吧！這件事包在我身上。
謝謝。
2
不可借醉裝瘋亂發脾氣；
酒
3
不可乘一時之快多管閒事，
4
不可因為疲倦而有始無終。
5
在高興時、酒醉時、衝動時、困倦時，應把持自身隨時留意，不要輕率地做出使自己懊悔的事。
酒

不可乘喜而輕諾，
不可因醉而生嗔，
不可乘快而多事，
不可因倦而鮮終。

害人之心不可有

害人之心不可有，防人之心不可無，此戒疏於慮也；寧受人之欺，毋逆人之詐，此傷於察也。二語並存，精明而渾厚矣。

害人之心不可有，防人之心不可無！這是勸戒警覺性不夠的人。

寧可受人欺騙，也不事先猜疑別人！
這是告誡警覺性過高的人。
牢記以上兩句話，那才算是精明而又忠厚的人。

人之過誤宜恕
別人有過應該寬恕，
這次原諒你，希望你能改過。
是的。
嚴以律己寬以待人
自己遭受困窘應該忍耐，
忍耐、忍耐、……
但別人遭受困窘則不能忍心不顧。
與人相處應該嚴以律己寬以待人；自己遭困境時要以毅力恆心來突破，別人遭困境時應及時伸出援手。

窮寇莫追
1
除奸惡之徒，要留給他一條生路。
把錢留下，放你一條生路，你走吧！
2
如果使他沒有容身之地，
不成，除惡務盡，別想開溜！
3
可惡！與你拚命了！
反了！反了！
4
就像堵塞老鼠進出洞穴，
5
你無路可逃了！
6
結果室內所有的器物都會被咬破。
反了！反了！
7
除惡應留給他們一條生路，如不給他們一個改過自新的機會，逼其陷於絕境，則必使之鋌而走險，造成更大的不幸。

心思要密，操守要嚴

氣象要高曠而不可疏狂，心思要縝密而不可瑣屑，趣味要沖淡而不可偏枯，操守要嚴明而不可激烈。

志氣要高，但不可狂妄自大；心思要密，但不可過於瑣碎。情趣要雅，但不可流於枯燥；操守要嚴，但不可流於偏激。

忘功不忘過
我對人有功，不可記在心上，
我對人有過，不可不記在心上。
從前你曾助我之恩，我沒齒難忘。
請別放在心上。
別人有恩不可忘，
別人有怨於我不可不忘。
他們以前曾欺負你啊！
哈哈，我早就忘了。
事有可忘與不可忘，別人有恩於我或我有過於人不可忘，相反的我有恩於人或別人有過於我則不可不忘，這是與人相處和諧的基礎。

冥然任天造

白氏云：「不如放身心，冥然任天造。」
晁氏雲：「不如收身心，凝然歸寂定。」
放者流為猖狂，收者入於枯寂。
唯善操身心者，把柄在手，收放自如。

白居易說：「人生要放任自己的身心，一切聽由自然造化。」

晁補之說：「人生要收斂自己的身心，寂靜不動使之歸於寂定。」

但過於放任而不加檢束，則易流於狂妄放蕩；過於收斂而不知適度調劑，則易流於枯寂死沉。

只有善於操持自己的身心，掌握重點，才能達到收放自如的境界。

過於放任或過於收斂身心都失於偏頗乖違。

執其中道而行，不偏不倚才能超凡入聖。

鳥語蟲聲，觸物會心

鳥語蟲聲，總是傳心之訣；
花英草色，無非見道之文。
學者要天機清澈，胸次玲瓏，觸物皆有會心處。

鳥語蟲聲，是傳遞心聲的語言，花容草色，無非是自然的玄機。
學者要獨具慧眼，胸懷磊落，從周圍領悟才能體會天機。

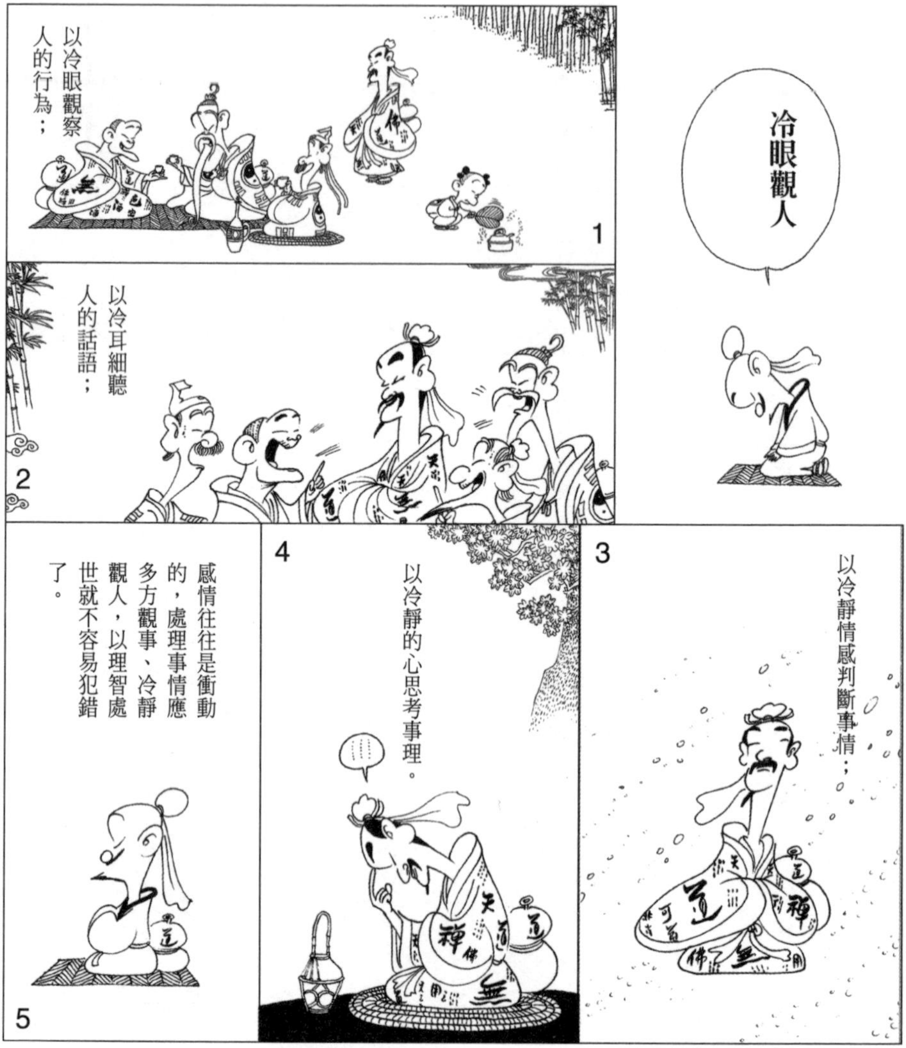
冷眼觀人
以冷眼觀察人的行為；
以冷耳細聽人的話語；
以冷靜情感判斷事情；
以冷靜的心思考事理。
感情往往是衝動的，處理事情應多方觀事、冷靜觀人，以理智處世就不容易犯錯了。

冷眼觀人，
冷耳聽語，
冷情當感，
冷心思理。

山川自相映

詩思在灞陵橋上，微吟處，林巒都是精神。
野興在鏡湖曲邊，獨往時，山川自相映發。

唐朝詩人鄭綮說：「詩思在灞陵橋上。」

作詩的靈感在灞陵橋上，只要略起詩興，山林峰巒即是廣大的題材。

大自然的趣味就在湖邊，一個人獨自前往，便能體會到山川相映的美景。
敞開胸襟，納入大自然之趣；山水花月，惟有心者得之。

無罪冥冥

肝受病則目不能視，腎受病則耳不能聽。
病受於人所不見，必發於人所共見。
故君子欲無得罪於昭昭，必先無得罪於冥冥。

肝臟有病，眼睛就看不清，腎臟有病，耳朵就聽不清；
病生在人所看不見之處，病症必發作於人所能見之處。
所以君子要想表面無過，必須從看不到的細微處入手。

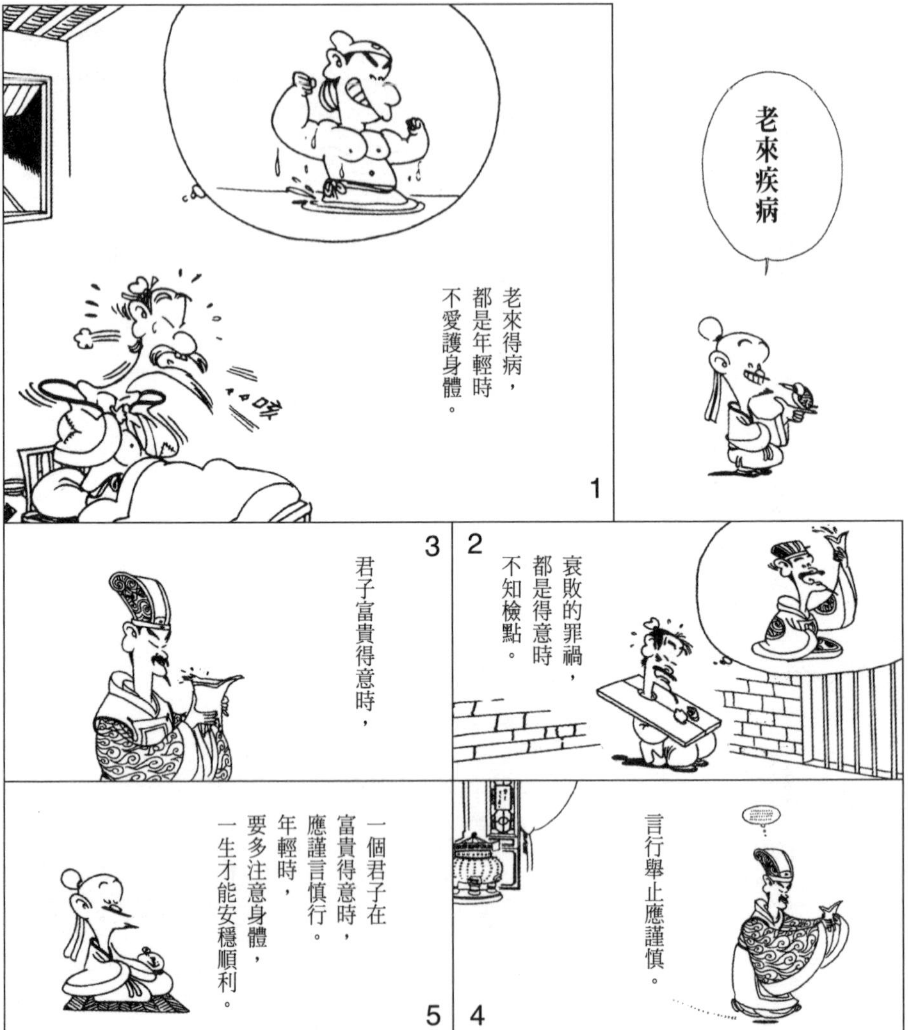
老來疾病
1
老來得病，
都是年輕時
不愛護身體。
2
衰敗的罪禍，
都是得意時
不知檢點。
3
君子富貴得意時，
4
言行舉止應謹慎。
5
一個君子在
富貴得意時，
應謹言慎行。
年輕時，
要多注意身體，
一生才能安穩順利。

老來疾病，
都是壯時招的；
衰後罪孽，
都是盛時造的。
故持盈履滿，
君子尤兢兢焉。

休與小人仇讎

休與小人仇讎，小人自有對頭；
休向君子諂媚，君子原無私惠。

不要和小人敵對結仇，小人之人會有他的對頭。
不要對君子逢迎諂媚，君子不會因而給你特別的恩惠。
跟小人計較，只會增加更多的困擾。向君子取悅討好，只會招致對方的輕蔑。

待小人不惡
對待小人嚴厲並不難，而難在不去厭惡他們。
你看你又做錯事了，又懶又笨！
他不原諒我了！
對待君子恭敬並不難；
而難在掌握適度禮儀。
哈哈哈，好朋友，來乾一杯！
當！
待小人嚴厲不難，卻難以包容的心去寬恕他。待君子恭敬不難，而難在如何表現得恰到好處。

第4章

菜根譚中的佛學禪宗思想

兩千五百多年前，由於人類由遊牧狩獵走向定居的農業時代，形成氏族部落，少數統治階層成為不必勞動的貴族，於是便有時間思考宇宙與人生問題。

差不多同一時間，世界幾個古文明都呈現極為燦爛的文化，當地傑出學者和思想家紛紛產生。

印度興起一股反對婆羅門教的沙門思潮，佛陀是這股沙門思潮之一的佛教創始者。

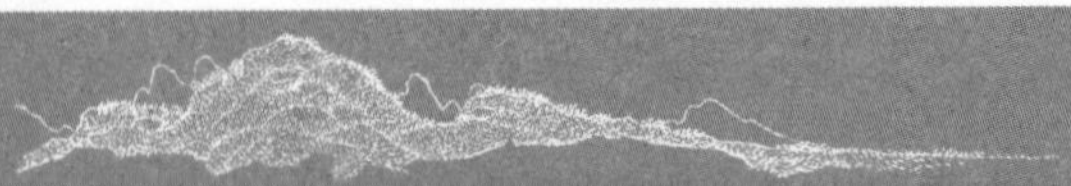

佛陀涅槃數百年後，佛教已在印度消失了，而在亞洲其他地區興盛，今天佛教和基督教、回教並稱為世界三大宗教。

東漢永平十年，漢明帝派遣使者到西域廣求佛教經典，白馬馱經迎回天竺高僧到洛陽白馬寺，大量翻譯佛學經典。

南北朝時佛教已經遍布全國，光是洛陽城內，寺院便多達一千三百六十七所。

佛教東傳中土，一直是中國主要信仰，佛教哲理與儒、道結合融會激盪，形成中國文化主流。

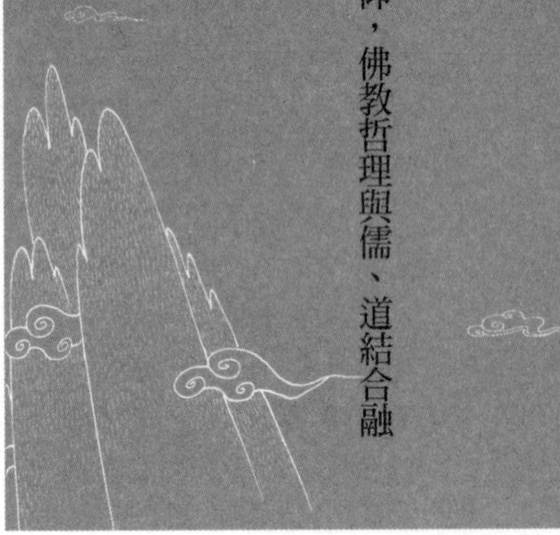

僧肇創中國化佛教哲學

禪在印度原本只是打坐的禪那，中國禪宗則是六朝時期，晉室南遷之後，避亂江南的士大夫把崇尚佛學、老莊的清談之風帶到江南。

很多僧人都是般若、老、莊一起談，思想上基本不分彼此。

中國禪宗是天竺僧人、中土修行僧眾和道家居士們相互激盪所創造出來的，禪宗犀利的機鋒問答，也很像六朝清談。

天竺高僧鳩摩羅什門下十哲四聖，都是精研老莊的學者。

鳩摩羅什的弟子僧肇是著名佛學理論家。僧肇以老莊思想為心要發展般若中觀學說，創出中國化佛教哲學體系。

後來佛教結合道家形成天台宗、華嚴宗、禪宗等中國式的佛教派別，尤其是禪宗，道家所提倡「忘我」和禪宗「無我」幾乎完全一樣。

禪宗是漢傳佛教影響最大、傳播最廣的宗派，中國經歷三武一宗四次大規模滅佛，佛教還能存在的主要原因是，禪宗實施一日不作一日不食，自給自主的叢林清規。

當政治環境不允許時，僧人便到山林自食其力獨自修行，直至今日，中國和日韓流傳下來的名剎大都是臨濟宗、曹洞宗等禪宗寺院。

佛教是心的教導

眾生心生，則佛法滅；
眾生心滅，則佛法生。

佛教建立在「諸行無常、諸受皆苦、諸法無我」三法印的基礎上，世間有形無形的事物隨時變化，人的煩惱來自於那顆貪欲渴望的心。

要消除痛苦，唯有無我地融入於當下眼前情境。

無名眾生自以為有一個恆久不變的自我，面對任何情境時，都以自我立場去分析情境的好壞順逆，於是產生愛憎分別。

然而世界只是隨順變化，不會依我們的期待展現。

佛陀教導我們如何正確使用我們的心，令心寂滅，不生妄想妄念，以達到寂靜的智慧彼岸。

佛教是佛陀對眾生應如何正確使用心的教導，因此佛教可稱之為「心教」。

以心傳心
1
佛祖釋尊在靈鷲山，登上高座準備說話。
2
忽然釋尊拿出一朵花，眼觀眾弟子的反應，眾人都不明白佛祖的意思，而默默不語。
3
只有摩訶迦葉尊者破顏微笑。
4

我悟道的方法是看透一切，包容一切，以喜悅的心去看清事物的本來面目。
這種微妙的法門是超越文字，超越數學理論的。
不能用邏輯思考，而是要用體會才能瞭解領悟的。
剛才摩訶迦葉尊者已經領悟而起共鳴，所以我要將禪心傳給他。
禪即是——不污染的宇宙真理和不污染的生命之心產生共鳴而有所領悟，並持續不污染之心安然自得。

文章做到極處

文章做到極處，無有他奇，只是恰好；
人品做到極處，無有他異，只是本然。

好的文章沒有什麼奇特的地方，只是恰到好處；
好的人品沒有什麼和人不同的地方，只是盡了本性。
處事應本著本性做自然的反應，不要有絲毫勉強，誇張、虛假往往得不到好處。

泛駕之馬可就馳驅

泛駕之馬，可就馳驅；躍冶之金，終歸型範。只一優遊不振，便終身無個進步。白沙云：「為人多病未足羞，一生無病是吾憂。」真確論也。

再頑劣兇悍的馬也可以駕馭奔馳；濺出熔爐的金屬，最後還是會被注入模型。但只要一貪圖逸樂不肯振奮精神，終生便沒有什麼進步。

明朝陳獻章說：「一個人有很多缺點並不可恥，一生中沒有缺點才是最值得擔心的事。」這句話說得一點也沒錯啊！

一個人不怕有缺點有過失，只怕知道了自己的缺點仍不知道悔改。

什麼是禪？

禪，不立文字、教外別傳、直指人心、見性成佛。

禪，藉教悟宗，透過佛陀的教導，悟出禪宗的真諦。

特屬於中國的禪宗，其實含有很多中國道家思想。

雖然《菜根譚》編列儒、釋、道三家思想，但攸關於佛學則大部分屬於禪宗。

毋憂拂意
別為一時不如意而煩惱；
哈哈，我得到一大筆橫財。
別為一時稱心如意而高興！
別因為長期安定而有恃無恐；
別因為起步困難而畏縮不前。
一個人當堅持信心和毅力，不可為了一時的安定喜悅而鬆懈了勤奮的精神，只有勇往直前，才能不斷地突破和進步。

毋憂拂意，
毋喜快心；
毋恃久安，
毋憚初難。

自家寶藏

禪宗曰：「飢來吃飯倦來眠。」

詩旨曰：「眼前景致口頭語。」

蓋極高寓於極平，至難出於至易，有意者反遠，無心者自近也。

這則在規誡人不要忽視自己所擁有的，正出自於禪宗故事：

大珠慧海到江西參馬祖時，馬祖問他：「你從哪裡來？」

慧海說：「我從越州大雲寺來。」

馬祖說：「你來這裡做什麼？」

慧海說：「我來求佛法。」

馬祖說：「放著自家寶藏不珍惜，到處亂走幹什麼？我這裡一物也無，你來求什麼佛法呢？」

大珠慧海問：「什麼是慧海的自家寶藏呢？」

馬祖說：「現在問我的這個，就是你自家寶藏！」

拋卻自家無盡藏
古人說：
拋卻自家無盡藏，沿門持缽效貧兒。
古人又說：
不要誇耀自己的才華財富，你所擁有的別人未必比你少。
前句勸人：
不要忽視自己所擁有的。
後句勸人：
不要誇耀自己所擁有的。
這是做學問的人應該深切警惕的。
天下萬物，每個個體都是獨一無二有其存在價值的，不必跟人比較，不要妄自菲薄，自傲自誇。

前人云：
拋卻自家無盡藏，
沿門持缽效貧兒。
又云：
暴富貧兒休說夢，
誰家灶裡火無煙。
一箴自昧所有，
一箴自誇所有，
可為學問切戒。

水月觀音

「風來疏竹」這則引自馬祖道一和弟子百丈的禪宗故事，而這段話則來自於「水月觀音」的典故：

唐朝大畫家周昉曾畫過一張水月觀音，眾生誤以為有個恆久不變的自己。常以自我主觀立場看待事物，於是便有了際遇的好壞順逆。因此眾生心常受世間一切眼前情境影響而隨時波動。水月觀音所畫的就是觀世音菩薩獨坐水邊，觀水中之月，看到潭面不因為月影穿過而波動。

隱喻世間一切眼前情境有如月影，我們的心要像潭面一樣，不要被當下眼前情境影響，引起心的騷動。

風來疏竹
1
風吹竹林，
風過而竹
不留聲；
2
雁渡寒潭，
雁去而潭不留影。
3
君子在事情來臨時，
以本性完全反映當
下。
4
啪！
5
事情過後，
心性又恢復
成空的狀態。
6
人往往為了還沒來
臨的事牽腸掛肚，
為了已發生的事懊
惱後悔，於是日子
過得痛苦不堪了。

風來疏竹，
風過而竹不留聲；
雁渡寒潭，
雁去而潭不留影。
竹影掃階塵不動，
月輪穿沼水無痕。

不與人爭

退一步，寬平一步

爭先的徑路窄，退後一步，自寬平一步。
濃豔的滋味短，清淡一分，自悠長一分。

與人爭道便覺得路很窄，退後一步路徑寬平一步；濃烈滋味容易使人生膩，清淡一分滋味悠長一分。

多心招禍，少事為福

福莫福於少事，禍莫禍於多心。

惟苦事者，方知少事之為福；惟平心者，始知多心之為禍。

所謂福氣是在於少事，所謂禍害來自於多心。

只有整天忙碌的人，才知道無事是最大的幸福。

只有心如止水的人，才知道多心是最大的災禍。

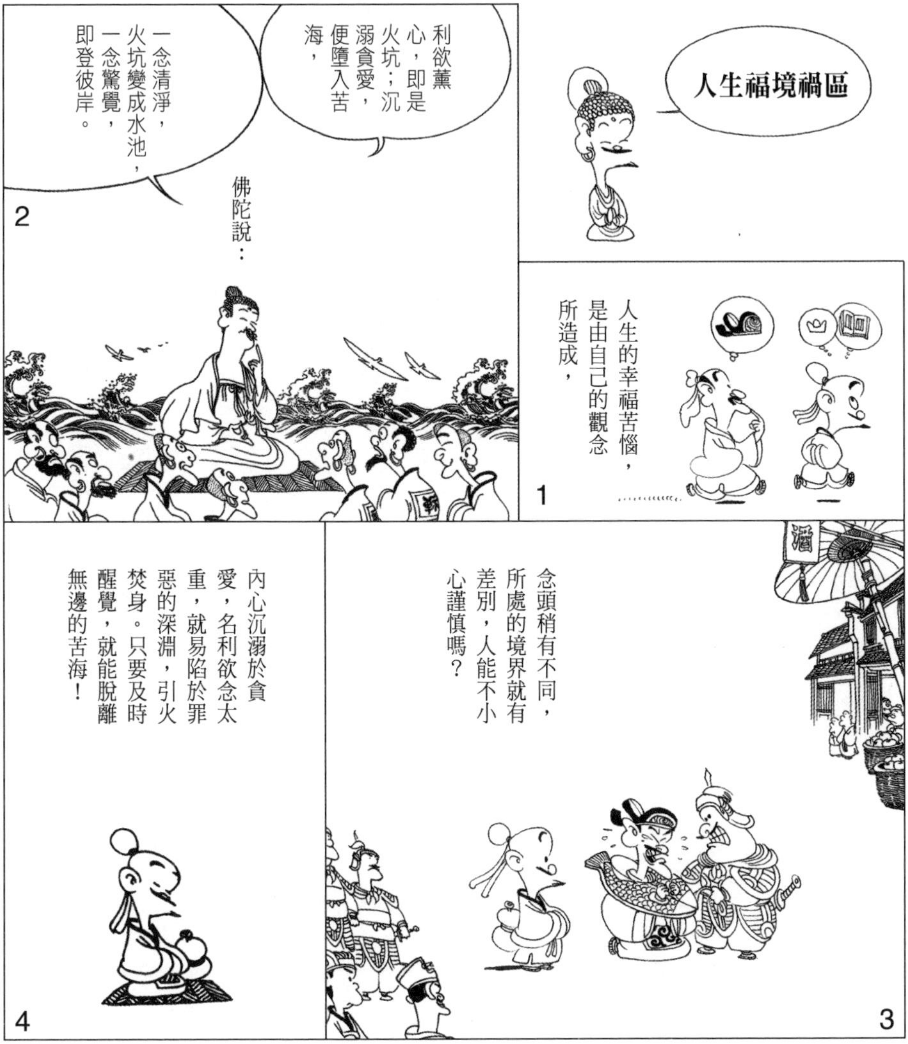
人生福境禍區
1
人生的幸福苦惱，是由自己的觀念所造成，
2
佛陀說：
利欲薰心，即是火坑；沉溺貪愛，便墮入苦海，
一念清淨，火坑變成水池，一念驚覺，即登彼岸。
3
酒
念頭稍有不同，所處的境界就有差別，人能不小心謹慎嗎？
4
內心沉溺於貪愛，名利欲念太重，就易陷於罪惡的深淵，引火焚身。只要及時醒覺，就能脫離無邊的苦海！

人生福境禍區，
皆念想所造成。
故釋氏云：
「利欲熾然，
即是火坑，
貪愛沉溺，
便為苦海；
一念清淨，
烈焰成池；
一念驚覺，
船登彼岸。
念頭稍異，
境界頓殊，
可不慎哉！」

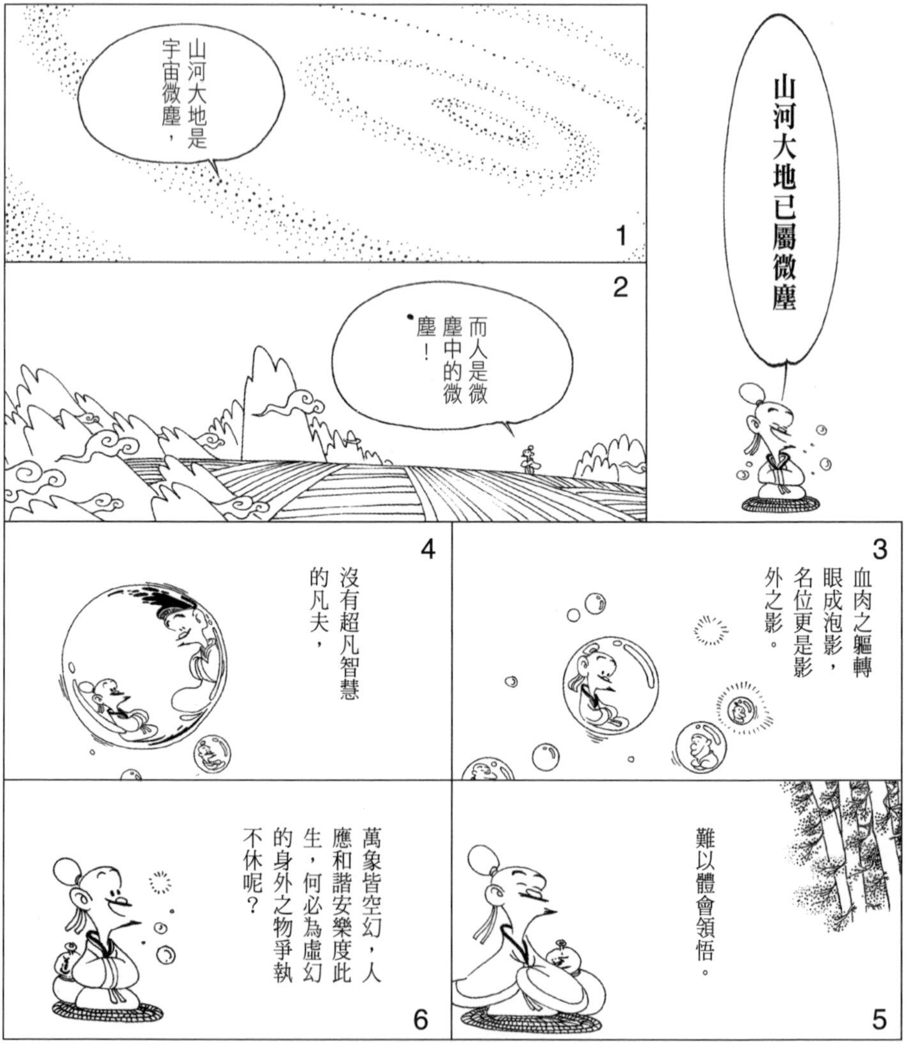

山河大地已屬微塵
山河大地是宇宙微塵，
而人是微塵中的微塵！
血肉之軀轉眼成泡影，名位更是影外之影。
沒有超凡智慧的凡夫，
難以體會領悟。
萬象皆空幻，人應和諧安樂度此生，何必為虛幻的身外之物爭執不休呢？

山河大地，
已屬微塵，
而況塵中之塵，
血肉身軀，
且歸泡影，
而況影外之影。
非上上智，
無了了心。

淨心無求

心虛意淨，明心見性

心虛則性現，不息心而求見性，如撥波覓月。
意淨則心清，不了意而求明心，如索鏡增塵。

心虛則性現，不靜心而求見性，如同水中撈月不可得；
意淨則心清，不了意而求明心，如同在落滿灰塵的鏡子照出自己，根本照不清。

不為法纏，不為空纏

競逐聽人，而不嫌盡醉；恬淡適己，而不誇獨醒。此釋氏所謂：「不為法纏，不為空纏。」身心兩自在者。

別人爭名奪利與我無關，也不指責別人醉心名利；淡泊是自己的個性，也不自誇，世人皆醉我獨醒。這就是佛家所說：「不為法纏，不為空纏。」身心安適自在。

山徑不變
1
有位將軍，他經常在戰役中奮勇殺敵。
2
他年老時，因感於世事變化無常而遁入佛門。
酒
3
4
常有人問他為何改變，他回答說：
5
山和山徑是千年不變，變的是我的心。
！
至人用心若鏡，不將不迎，應而不藏。所以應做到當將軍時當將軍，做和尚時做和尚。

平常心
師父，應該如何努力於道的修習？
肚子餓了就吃飯；疲倦了就睡覺。
一般人不是正這樣做嗎？
不不不！一般人不是這樣……
一般人吃的時候在想一千個欲望，睡的時候在解開一萬個結。
多少人每一個早晨不是在擺脫數不清的昨日的束縛中醒來？應把一切使心靈陳腐的危險拋開，用本性去生活，因為「平常心」就是道。

聽靜夜之鐘聲
傾聽深夜鐘聲，
能喚醒迷境之人。
1
2
靜觀明潭月影，
能見自己的本性。
3
萬籟俱寂之夜聽鐘聲，
能感受到和平之氣，
心智更明鑑，
平日所迷者
往往因此豁然領悟。

聽靜夜之鐘聲，
喚醒夢中之夢，
觀澄潭之月影，
窺見身外之身。

水不波則自定
水不興波
自然平靜，
鏡不蒙塵
自然明亮。
人心沒什麼可清洗，去除心緒雜念，自然清心自在。
快樂不須往外尋求，
只須去除身心的痛苦根源，快樂自然存在。
人心本是清淨，但往往被妄想雜念所遮蔽，因此只要拭去妄念，清淨光明的本心自然就會出現。

水不波則自定，
鑑不翳則自明。
故心無可清，
去其混之者而清自現，
樂不必尋，
去其苦之者而樂自存。

真空不空
執相非真，
是什麼？
浪
錯了，不是浪而是水！
破相也非真。
請問世尊，如何解釋？
身在俗世，要超脫世俗，

6
欲求不滿是苦，

7
斷欲也是苦，

8
修行道上各人
善自修持。

9

執著於物或偏執於虛幻，
都是違反自然真理。
只有身在世俗中，
而心懷超脫世俗之外，
才是最高妙的處世之道。

真空不空，
執相非真，
破相亦非真，
問世尊如何發付？
在世出世，
徇欲是苦，
絕欲亦是苦，
聽吾儕善自修持。

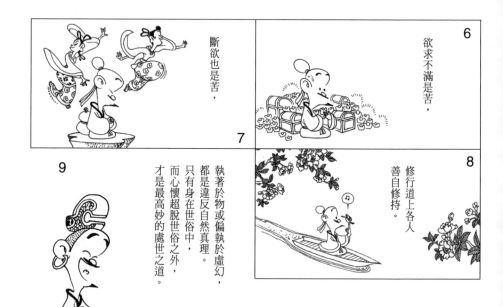

來空空，去空空

樹木至歸根，而後知華萼枝葉之徒榮；
人事至蓋棺，而後知子女玉帛之無益。

樹木枯死時，才明白茂盛枝葉，只不過是一時榮華；
人到將死時，才知道子女錢財都是帶不走的身外物。

以物付物
就身了身
徹悟己身非我的人，
才能使萬物依自己的
天性生長；
還天下於天下
的人，
境界出離世間，
又不染於世間。
能體悟自己只是
天下萬物中的一分子的人，
自然能大公無私，
超然於物外，
而不受狹隘空間的拘泥束縛。
1
2
3
4
5

就一身了一身者，
方能以萬物付萬物，
還天下於天下者，
方能出世間於世間。

寒燈無焰，不失本來面目

寒燈無焰，敝裘無溫，不失本來面目；
心似死灰，身如槁木，未免墮落頑空。

孤燈暗淡無光，破裘失去了溫暖，但孤燈破裘不失本來面目。
如果心如死灰，身如槁木，這種人等於陷入冥頑空虛的殭屍。

當下休，當下了

人肯當下休，便當下了。

若要尋個歇處，則婚嫁雖完，事亦不少，僧道雖好，心亦不了；

前人云：「如今休去便休去，若覓了時無了時。」見之卓矣！

當該放下時就要放下，如果想找個好時機再放下，會像婚嫁雖完，接下來的雜事還更多。

和尚道士儘管清閒，但心中也還有凡事未了。

古人說：「現在能放下便放下，若說要找個機會才放下，恐怕永無放下之日。」這話太精闢了！

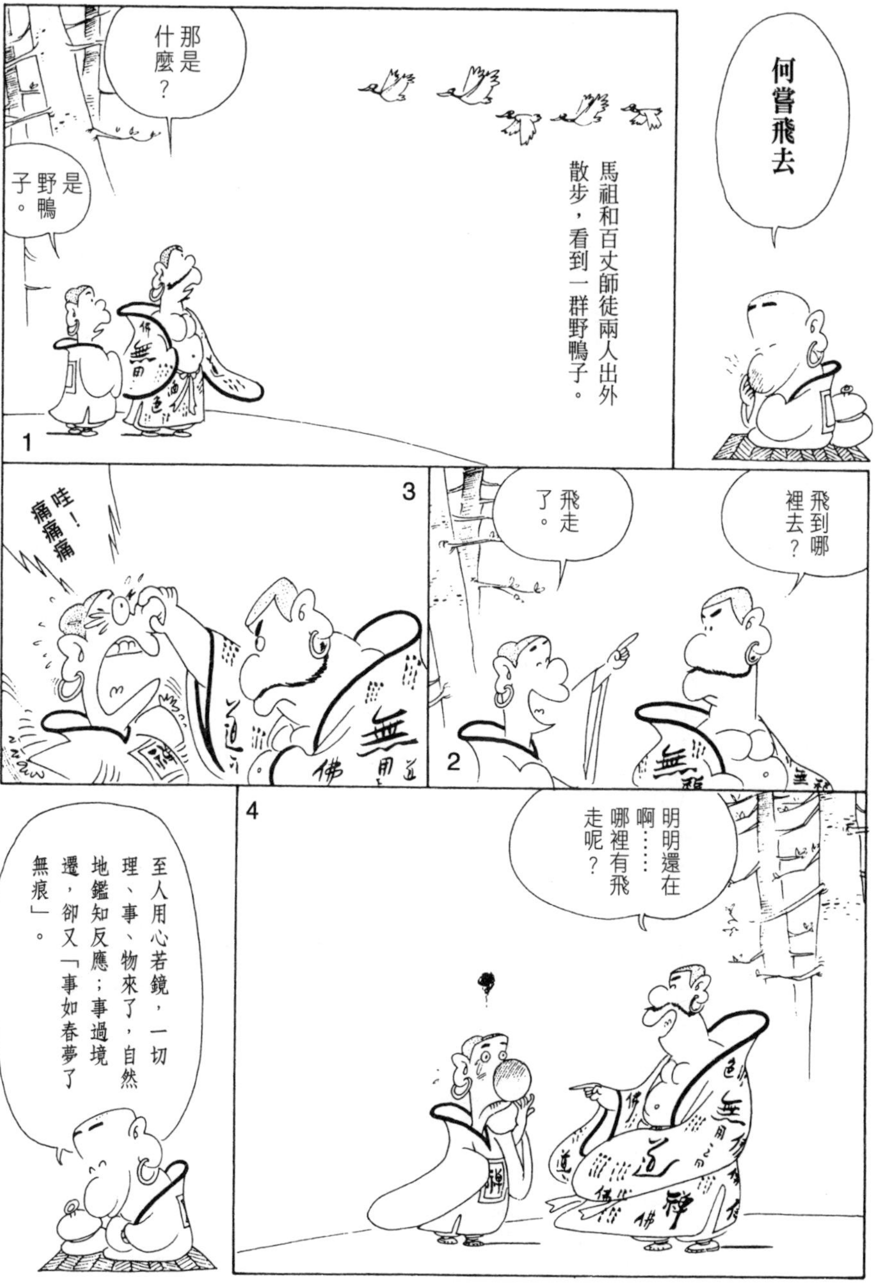
何嘗飛去
馬祖和百丈師徒兩人出外散步，看到一群野鴨子。
那是什麼？
是野鴨子。
飛到哪裡去？
飛走了。
哇！痛痛痛
明明還在啊……哪裡有飛走呢？
至人用心若鏡，一切理、事、物來了，自然地鑑知反應；事過境還，卻又「事如春夢了無痕」。

竹影掃階塵不動
1
高僧說：
竹影掃階塵不動，
2
月輪穿沼水無痕。
3
儒者說：
水流任急境常靜，
4
花落雖頻意自閑。
5
人們若常抱這種觀念待人處事，身心該是何等自在！
6
君子應隨緣而居，事情來了就全力以赴，事情過去了也要平心靜氣，勿患得患失，才不失本性。

古德云：
「竹影掃階塵不動，
月輪穿沼水無痕。」
吾儒云：
「水流任急境常靜，
花落雖頻意自閑。」
人常持此意以應事接物，
身心何等自在。

飢來吃飯倦來眠
餓了就吃，睏了就睡。
作詩要旨說：
從眼前景物入手，多運用日常口語。
高深的道理隱藏於平凡，
至難出於至易，
有意求道離道遠，
無心求道離道近。
日常生活即是道，把握眼前所見所接觸的一切事物，體會其中的道理，所獲得的啟發即是最真切的學問。

禪宗曰：
「飢來吃飯倦來眠。」
詩旨曰：
「眼前景致口頭語。」
蓋極高寓於極平，
至難出於至易，
有意者反遠，
無心者自近也。

才就筏便思捨筏
乘竹筏捨竹筏，是到達彼岸的悟道者。
1
2
如果騎驢找驢，終究成不了開悟禪師。
船筏只是藉以到達目的地的工具，故應得魚忘筌、得兔忘蹄、得意忘言。人的自身，一切俱足，往外去追覓真理，往往是越追越遠了。
3

才就筏便思捨筏，
方是無事道人；
若騎驢又復覓驢，
終為不了禪子。

猛獸易服，人心難制

眼看西晉之荊榛，猶矜白刃；
身屬北邙之狐兔，尚惜黃金。
語云：「猛獸易伏，人心難降；
谿壑易填，人心難滿。」信哉！

眼看西晉就要亡國，高官貴族還在炫耀武力；
明知將要葬身北邙，還那麼吝惜黃金。

俗話說：「猛獸容易制伏，人心卻難以降服；
溝壑容易填滿，欲望卻難以滿足。」
這話一點不假！

一字不識
一字不識而有詩意的人，領悟了作詩真趣；
春天月夜雨聲蛙！
一偈不參而有禪味的人，領悟了禪宗玄機。
你度人成佛，我度石頭成佛！
認識文字參研禪偈只是便於讀書作詩、認識禪理的一種方式，故學習過程的長短與真正領悟了教義沒有絕對的關係。

一字不識而有詩意者，
得詩家真趣；
一偈不參而有禪味者，
悟禪教玄機。

指月的喻語
無盡藏尼向六祖慧能說：
我研讀涅槃經多年，卻仍有多處不甚瞭解，還請不吝指教。
我不認識字！請您把經文念出聲，或許在下可以略解其中的真理。
你連字都不認得，如何能瞭解其中的真理？
真理是與文字無關的！真理像天上的明月。
而文字卻像你我的手指。
手指可以指出明月的所在，但手指卻不是明月，看月也不必一定透過手指，不是嗎？
語言、文字只是借用來表達真理，只是幫你達到悟境的舟車而已，誤將文字以為真理，不正像誤以為手指是月亮一樣可笑嗎？

第5章 菜根譚中的道家老莊思想

道家起源於三皇五帝，出自於觀察星象、管理王室典籍檔案的史官，通常都是當時的大學者，道家可說是古代的國家智者。

春秋末年，老子在周室藏書室當官，集古聖先賢的智慧精華，悟通人在自然宇宙中的處世之道，著作《道德經》，成為道家思想的創始人。

道家代表人物孫武、鶡冠子、范蠡、張良等人都充滿睿智。儒家鼓勵大家邦有道時，出來做事，邦無道時，隱居以避免遭受禍害。

道家剛好相反，主張「道存則隱，道廢則現」。

當天下有道則隱，天下混亂則出來維持正義，每當災世來臨之時，道家智者出而挑戰災難亂源，撥亂反正，他們不歆羨名，不追求利，既可入世建功，也能功成身退飄然而去。

同時避免了「狡兔死，走狗烹；飛鳥盡，良弓藏；敵國破，謀臣亡」的悲慘下場。

道家老莊思想，是中國哲學史上唯一能與儒家思想分庭抗禮的偉大學說，在中國思想發展史上的地位絕不低於儒家和佛家。

儒家崇尚「仁義」，道家思想的精華是「道德」。

老子思想

有生於無

「道生一、一生二、二生三、三生天下萬物。天下萬物生於有，有生於無。」

有一個渾然一體的東西，在天地還沒有形成之前就已經存在了。它是天下萬物的根本。我不知道它的名字，所以把它叫作「道」。

道家認為宇宙萬物是由氣產生的。
天地開始的時候，沒有物體，沒有形象，姑且稱之為無。
無就是宇宙本源，道的本體。

一陰一陽之謂道，陰陽成就萬物，一切有形無形都源起於氣。

人之生，氣之聚也，一切事物都源於氣。宇宙中一切陰陽、天地、日月、動靜、明晦、生死、消長、男女、雄雌都是氣的變化過程。

以「道」的角度而言，宇宙萬物齊一，沒有小大、短長、美醜、好壞區別。道，是超越時空的無窮本體，它生於天地萬物之中，而又無所不包，無所不在，呈現於一切事物中。

因天循道、無為而治

「失道而後德，失德而後仁，失仁而後義，失義而後禮。」

老子認為人自以為聰明，以智取巧，實在是愚昧的根源。

當社會需要以禮法維繫時，虛偽巧詐也就產生了，禍亂就跟著來了。

因此人應守質樸的大道，不要虛偽的巧智浮華，取用道的厚實。

為君之道，應因天循道、無為而治、守雌用雄、君逸臣勞、清靜無為、因俗簡禮、休養生息、依法治國、寬刑簡政。

小國寡民

竹籬下，忽聞犬吠雞鳴，恍似雲中世界。
芸窗中，偶聽蟬吟燕語，方知靜裡乾坤。

《菜根譚》很贊同老子小國寡民的說法。

老子說：「理想的國家是：國土很小人民很少，有兵器也不使用，人民不需要遷移遠方，雖有舟車也沒機會乘坐，有軍隊也無處部署，人民回復結繩記事。

恬淡寡欲，吃粗食但覺得甘美；穿破衣但覺得華麗；居陋室但覺得安適；風俗簡樸而快樂。

和鄰國彼此看得到，雞鳴狗叫彼此聽得到，人民直到老死也不相往來。」

寵辱不驚

寵辱不驚，閒看庭前花開花落；
去留無意，漫隨天外雲卷雲舒。

這篇是回應老子「寵辱若驚」的說法：

寵辱若驚，世人得失心太重，得到榮寵和受到屈辱都心驚害怕。

世人心目中，榮寵是高尚的，得到榮寵就覺得高貴，因而怕失去榮寵。畏懼大禍患，也因而心驚。為什麼呢？

屈辱是低下的，受到屈辱就覺得丟人，所以害怕受屈辱。

我們之所以有大禍患，是因為常只想到自己的關係。假如能忘了自己，那還有什麼禍患呢？

所以一個人願意犧牲自己為天下人服務，就可以把天下交給他。人應無私，忘我。

若能置生死於度外，一切寵辱禍福都不足以動搖其心志了，還何驚之有呢？

寵辱不驚
你好棒哦！
是嗎？
1
你好菜哦！
是嗎？
2
榮寵或屈辱，勿喜勿悲，閒看庭前，花開花謝。
3
恭喜你又升官了。
是嗎？
4
你被開除了。
是嗎？
5
升官或貶謫，不要介意，富貴浮雲，時聚時散。
6
不要被外來的毀譽、榮辱改變了心性。職位的去留升遷就像浮雲般有聚有散，毫不執著留戀。
7

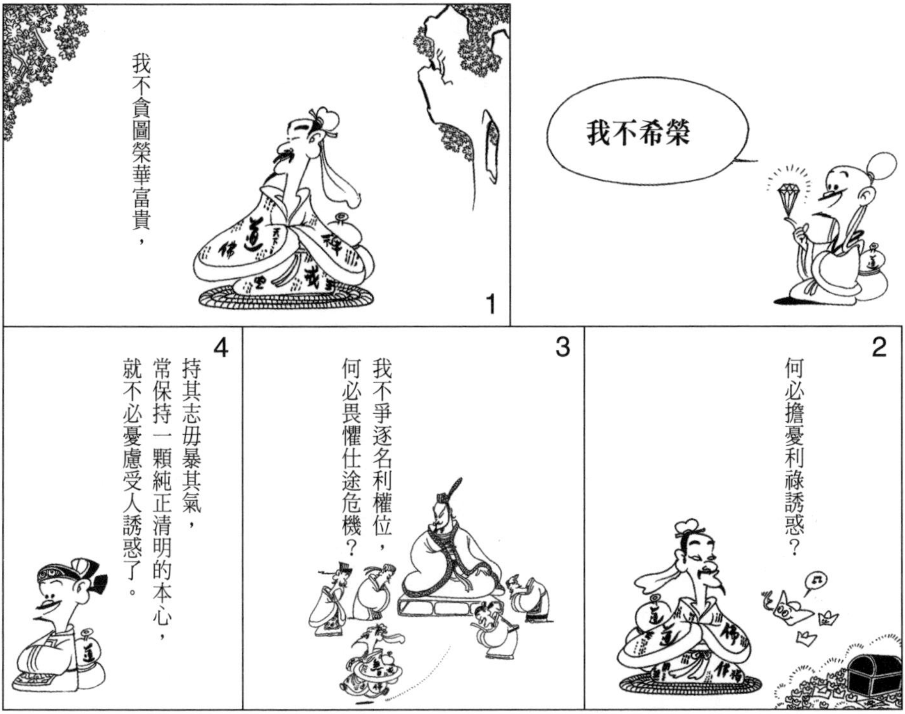
我不希榮
1
我不貪圖榮華富貴，
2
何必擔憂利祿誘惑？
3
我不爭逐名利權位，
何必畏懼仕途危機？
4
持其志毋暴其氣，
常保持一顆純正清明的本心，
就不必憂慮受人誘惑了。

我不希榮，
何憂乎利祿之香餌，
我不競進，
何畏乎仕宦之危機。

莊子思想

莊子是老子的信徒，他在《老子》的基礎上，形成了他獨特思想風格的哲學體系。

《莊子》一書著於戰國時代，當時道家主流是黃老之術，直到東晉時，《莊子》才受世人注意。

由於三國時代，戰爭頻繁社會紛爭，有識之士目睹諸侯征戰的殘酷，開始盛行玄學。

六朝清談之風大盛，老莊學說成為道家思想的主流，這時《莊子》才受世人重視。

莊子文筆很好，他首創以寓言形式解說道家哲學，內容充滿神怪異人與綺麗的故事。
以下幾篇是《菜根譚》引自《莊子》的篇章：

相濡以沫

泉涸，魚相與處於陸，相呴以濕，相濡以沫，不如相忘於江湖。

江湖的泉水乾枯了，魚兒都困在地面上，很親切地用口沫互相滋潤。
大魚對小魚說：「沾潤一點我的口水吧！免得渴死啊。」
小魚說：「謝謝你！你真仁慈又義氣啊。」
這倒不如江湖水滿的時候，大家悠遊自在，不必相互照顧的好。

相忘於江湖
江湖的泉源乾枯了……
魚兒都困在地面上，很親切地用口沫互相滋潤……
沾潤一點我的口水吧，免得渴死啊。
謝謝你！你真仁慈又有義氣啊……
這倒不如江湖水滿的時候，大家悠遊自在，不相照顧的好。
人為的仁愛畢竟是有限的，當人需要用仁愛來互相救助時，這世界便已不好了。大自然的愛是無量的，所以人應相忘於自然，如同魚相忘於江湖。

不繫之舟

身如不繫之舟，一任流行坎止；
心似既灰之木，何妨刀割香塗。

身要像沒有繫上纜繩的小船，完全任由水流的方向漂流或停止。
心要像已燃燒成灰的木頭，不懼刀割痛楚或塗香似的讚譽。
不以物喜，不以己悲，一切的成敗毀譽都不能影響我的平和定靜，如此才能真正來去自如，樂天知命。

不可想像的怪人
1
有一個怪人，頭彎到肚臍下面，兩個肩膀高過頭頂，髮髻朝天，五臟不正，腰夾在兩股中間，他叫做—支離疏。
2
支離疏替別人縫洗衣服，就可以養活他自己。
3
大吉大利
替人卜卦算命，可以養活十幾個人。
4
在亂世的時候，官吏到處拉人去當兵，
支離疏大搖大擺地在路上走，沒有人會要他。
哼哼！
5
有時候政府救濟貧民，支離疏列入甲級貧戶，可以領到不少的柴米。
有智慧的人，不計較形貌的殘缺和醜陋，殘缺和醜陋也能免除許多的禍害。
對。

風和蛇
夔是一種獨腳獸。
蚿是一種百足蟲。
我用一隻腳走路，再方便不過了，你用那麼多腳怎麼個走法啊？
我順著自然的安排來走路，一點也不費心呀！
！
我用好多腳走路，還不如你沒有腳走得快，為什麼呢？
我是順著自然的天機來運動的，哪用得著腳呢？

風連個形體都沒有，而可來去自如，才厲害呢！
我是走得很快，可是眼睛比我更厲害呢！
眼睛看到哪哩，就已經到哪裡了！
心更是不得了。心想到哪裡就已經到哪裡了。
可是我卻能拔大樹，倒大屋，這就是我。
自然的用處，各有其妙用，而無大小之分。

知識和大道
「知」到北方去遊歷，有一天遇見了「無所謂」。
無所謂
知
大道
1
2
怎樣思考才能明白大道？怎樣動作才能安於大道？怎樣的法門才能獲得大道？
3
無所謂！
無所謂！
無所謂！
4
「知」得不到解答，便又來到白水的南邊，遇到了「狂屈」。
狂屈
5
我想問你三個問題……
6
如何明白大道？如何安於大道？如何獲得大道？

7
!
我知道。我想告訴你，但我忘卻了我要說的話。
狂屈
知
8
??
「知」還是沒有得到解答，便去問黃帝。
知
9
不要用心去思考，才能明白大道。不要用心去動作，才能安於大道。不要用心去依據法門，才能獲得大道。
知
10
你我都知道大道。無所謂和狂屈卻不知道大道。
知
11
錯了！無所謂是合乎大道。狂屈是接近大道。你和我距離大道還遠得很哩！
知
「知」是「言」的境界，「狂屈」是「言無言」的境界，「無所謂」是「無心、忘言」的境界。用「知」用「言」是無法測量大道的。
大道

菜根譚攸關道家的篇章

前念不滯，後念不迎

今人專求無念，而終不可無。只是前念不滯，後念不迎，但將現在的隨緣，打發得去，自然漸漸入無。

現在的人想達到心中無念，但總是做不到。其實只要不追悔過去，不企盼將來，隨緣當下。能做到這點，自然就會進入無我境界。

萬物皆吾一體

以幻跡言，無論功名富貴，即肢體亦屬委形；以真境言，無論父母兄弟，即萬物皆吾一體。

由虛幻角度而言，功名富貴、肢體身軀都只是暫時形態；由真實角度來說，父母兄弟、宇宙萬物都和我渾然一體。

天地有萬古，
此身不再得，
人生只百年，
此日最易過。
幸生其間者，
不可不知有生之樂，
亦不可不懷虛生之憂。

吾身一小天地也
1
身體就是小宇宙，
2
如能喜怒不過度，
3
愛憎有一定標準，就是一種諧和調理的工夫。
4
天地是萬物父母，假如天下萬民沒有怨言，萬物沒有災禍，不也是一種和睦氣象？
5
人心有喜怒哀樂之情和鑑別好惡的良知。喜怒好惡有準則，行為舉止才能合於法度，才能培養出健全的人格。

吾身一小天地也，
使喜怒不愆，
好惡有則，
便是燮理的工夫；
天地一大父母也，
使民無怨咨，
物無氛疹，
亦是敦睦的氣象。

隨起隨滅，太虛同體

心體便是天體。
一念之喜，景星慶雲；
一念之怒，震雷暴雨；
一念之慈，和風甘露；
一念之嚴，烈日秋霜。
何者少得，只要隨起隨滅，廓然無礙，便與太虛同體。

心體便是宇宙本原。
一念之喜，就像星光燦爛；
一念之怒，就像震雷暴雨；
一念之慈，就像和風甘露；
一念之嚴，就像烈日秋霜。
無論哪種情緒，只要能隨生隨滅，不要鬱積於心，就能與太虛同體。

大智若愚，大巧若拙

真廉無廉名，立名者正所以為貪；大巧無巧術，用術者乃所以為拙。

真正廉潔之士不看重清廉虛名，自稱清廉者恰恰暴露貪婪本性；技巧高明之人不需要運用手腕，耍小技者是為掩飾自己的愚蠢。

看人看結果

聲妓晚歲從良，一世之煙花無礙；貞婦白頭失節，半生之清苦俱非。語云：「看人只看後半截。」真名言也。

聲妓晚年從良，從前的生涯就不再被人計較；守節婦女晚年喪失節操，半生清苦便一筆勾銷。

俗話說，「看人只看後半生。」確實有道理。

魚網之設
捕魚的魚網，
竟有鴻雁受困其中；
呱
螳螂捕蟬，
!
卻不知黃雀在後。
嘻嘻
玄機內藏玄機，
變化又生變化，
智慧技巧再高明，
也不足以依賴！
人不可過於自恃，
須知人外有人，天外有天，
凡事應明察秋毫，瞻前顧後，
方能減少錯誤災變的發生。

魚網之設，
鴻則罹其中；
螳螂之貪，
雀又乘其後。
機裡藏機，
變外生變，
智巧何足恃哉！

隱逸林中無榮辱
隱逸林中，沒有榮辱得失。
寵辱不驚……
重視道義的人，沒有對人厚薄的行為。
有錢的沒錢的都一視同仁，統統是我的好朋友！
把得失之心看開，就不再會有榮譽悲喜的心理；以道義自任，自然不會隨便給人眼色。

隱逸林中無榮辱，
道義路上泯炎涼。

忙裡偷閒，鬧中取靜

忙裡要偷閒，須先向閒時討個把柄，鬧中要取靜，須先從靜處立個主宰。不然，未有不因境而遷，隨事而靡者。

忙裡要偷閒，須先學會於忙碌時心境優雅。鬧中要取靜，須先學會於雜鬧中心靜如水。不然就會心隨情境而煩躁，身隨事務而疲於奔命。

清淨門，常為淫邪之淵

淫奔之婦，矯而為尼，熱中之人，激而入道。清淨之門，常為淫邪之淵藪也如此。吁！可嗤已。

私奔之婦，也會削髮為尼，熱中名利之人，憤而當道士。清淨之門，反成淫邪聚集之地。唉，真是太可笑了！

河沙妙德，總在心源

一勺水，便具四海水味，世法不必盡嘗；
千江月，總是一輪月光，心珠宜當獨朗。

任何一勺海水，都具有四海水滋味，世間法不需要一一盡嘗。
千江所映月影，都同是天上那輪明月。心珠應自己發出光明。

空空而來，空空而去

兩個空拳握古今，握住了還當放手；
一條竹杖挑風月，挑到時也要息肩。

兩個空拳握古今，即使握住了還得放手；
一條竹杖挑風月，即使挑到了也得歇手。

山林士胸懷廊廟
1
身居高官顯爵時，
不可無隱居山林之思；
2
大不了官不做，到山林隱居罷了。
3
幽居山野泉林時，
應有治理國事的壯志。
4
有機會就盡一己之力，為國家社會做點事。
5
身負國家重任的人，
須澹泊名利，
以立立人，
以達達人；
而一般的平民百姓
也應時時關心國事，
盡自己的一份力量。

居軒冕之中，
不可無山林的氣味，
處林泉之下，
須要懷廊廟的經綸。

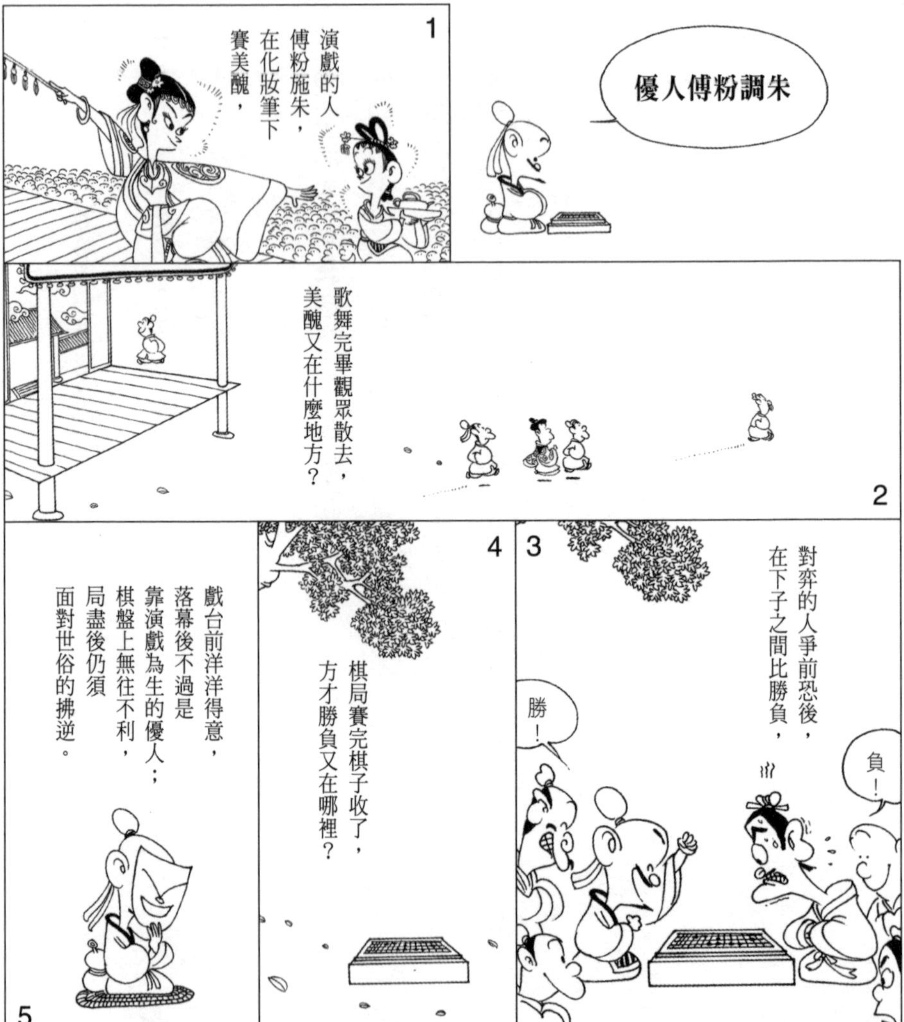

優伶傅粉調朱，
效妍醜於毫素。
俄而歌殘場罷，
妍醜何存；
弈者爭先競後，
較雌雄於枰間。
俄而局盡子收，
雌雄安在？

石火光中爭長競短

石火光中，爭長競短，光陰究有幾何？
蝸牛角上，較雌論雄，世界究有許大？

在電光石火的人生爭長競短，能有多少光陰可用？
在小如蝸牛角上爭雄，能有多大的世界可爭？
地球，在宇宙中只是一般塵埃；人生，在宇宙中只是一剎那。
在短暫的人生中，應好好體會人生的美妙，而不是把時間花在競長短、爭雌雄。

蝸牛角上的兩國
魏惠王與齊威王互相結盟。不久齊王首先背信，魏王大怒！
立刻發兵攻打齊國！
大王先聽我說…有個叫作蝸牛的小動物大王知道嗎？
知道啊！
有個建國在蝸牛左角的叫作觸氏，另有一個建國在右角的叫蠻氏，兩國經常為了爭奪土地互相攻戰，死傷數萬。
觸氏
蠻氏
胡說！哪有這種事？
大王！天地四方有窮盡嗎？
沒有窮盡！
在天地之中有個魏國，魏國中有個大梁城，大梁城中有個宮殿，宮殿中有個大王，那麼大王和蝸牛角上的蠻氏、觸氏有什麼分別？
世人爭地、爭利在有道的人看來，就像蝸牛角上的兩國在角鬥一樣，不是嗎？

繩鋸木斷

繩鋸木斷，水滴石穿，學道者須加力索，
水到渠成，瓜熟蒂落，得道者一任天機。

繩子可以鋸斷木頭，水滴可以穿透石頭，求學論道的人，若能有恆心毅力，凡事可以順其自然而不強求，則必然水到渠成，瓜熟蒂落。

悟得真道的人都是能完全聽任自然。

求學問道須勤加努力探求，泉水流到自然成為溝渠，瓜果成熟自然會脫蒂落下。

人生一傀儡

人生原是一個傀儡，只要根蒂在手，
一線不亂，卷舒自由，行止在我，
一毫不受他人提掇，便超出此場中矣。

人生就像一場傀儡戲，只要將絲線機紐掌握住，
不要讓任何一條絲線撩亂自己，收放自如，行動或停止完全操之在我，
一點也不受他人的干涉，如此就可以超脫於這場戲外了。
若能掌握自己的本心，不受外在環境的影響，不受他人左右，自然收放自如。

螳螂捕蟬
老師，你為什麼不高興？
人都是見利而忘害啊……
昨天我到栗園遊玩……
可惡……
這時看到一隻蟬高歌鳴唱，自以為很安全……
!

6
不知道後面有一隻螳螂正要吃牠……
7
嘻嘻……
螳螂一心想吃蟬，卻也沒有注意，後面的黃雀正趁機想吃螳螂呢！
8
你想偷栗子是不是？
9
10
我在栗園守候黃雀，也忘了自己的危險，結果被人誤會在偷栗子，真是受氣。
追逐外物，往往只看到前面的利益，而疏忽了身後的危險。

忽聞犬吠雞鳴
1
在竹籬旁聽到雞啼狗叫，恍如置身人間仙境。
2
在書房中靜聽蟬鳴鴉噪，方知靜中別有天地。
3
竹籬下悠然自得之際，犬吠雞鳴驚回了現實，這是在無我的境界裡保持我；芸窗中心遊六合之際，蟬吟鴉噪影響不了一顆靜修的心。

竹籬下，
忽聞犬吠雞鳴，
恍似雲中世界。
芸窗中，
偶聽蟬吟燕語，
方知靜裡乾坤。

魚得水逝
魚得水而游，而不自知身在水中。
1
鳥乘風飛翔，而不自知身在風中。
2
若能體悟其中道理，就能超脫外物誘惑，
3
享受天地自然機趣。
4
魚在水中游而忘卻自身處在水中，故能自由自在地悠游；人生活在世間卻被世間的物欲所牽累誘惑，因而受到束縛。
5

魚得水逝，而相忘於水，鳥乘風飛，而不知有風。識此可以超物累，可以樂天機。

跋

人生的座右銘

不忘初心

小時候，從父親送給我的小黑板找到終生目標：就是只要不餓死，我便要畫一輩子。

我知道要擁有最大的精神自由，便要接受最匱乏的物質需求，我也終身奉行。

記得十五歲剛到台北當職業漫畫家時，有一天深夜，跟同事們一起到巷口路邊攤吃消夜，人生第一次吃麻醬麵。

當時我讚嘆說：「世上怎麼有這麼好吃的麵？」直到今天，我還是覺得麻醬麵是天下美味，並沒有因為如今小有名氣而改變了自己的口味。

我也跟從前一樣喜歡孤寂，有如獨坐孤峰享受畫畫十幾個小時。

唐代廬山歸宗志芝庵主寫的〈悟道偈〉最能代表現在的心境：

千峰頂上一間屋，老僧半間雲半間，

昨夜雲隨風雨去，到頭不似老僧閒。

一個人不忘初心，走在自己所選擇的人生道上，不要被沿路的名利左右走錯路，牢記初心就不會隨波逐流。

禪宗經典《景德傳燈錄》，裡面有一則主人公的公案：

主人公
師彥和尚時時刻刻喜歡自言自語。
主人公！
是的！
你要保持清醒哦！
是的！是的！
不要受人蒙騙哦！
是的！是的！
人往往被環境的刺激、心的污染和過去的憎惡所蒙蔽，因而不能完全操縱自己。每個人都應認清自己，好好扮演好自己的角色，做自己的主人。

我一生當中，唯有一次脫離了早已既定的人生軌道。三十幾歲時，由於工作接得太多，忙得身心憔悴。

當時我便像師彥和尚一樣，自問：「蔡志忠你在幹什麼？要保持清醒，這是你要的嗎？」很快地便走回既定的人生軌道，發誓從此不再切割生命去換取名利。

於是便結束動畫公司，隻身前往東京畫漫畫諸子百家系列，從此便不再自問：「蔡志忠你在幹什麼？要保持清醒，這是你要的嗎？」這問題了。

人生的座右銘

小學三年級時，級任導師要每位小朋友自己選擇人生的座右銘，我從收集來的一大堆世界箴語中選了兩個座右銘：

「多一事不如少一事，一動不如一靜。」

「沉默是金。」

當時根本不明白什麼是道家、儒家、佛學禪宗，後來才知道第一個箴語很像莊子，非常道家。

從九歲開始，我也遵守這兩個座右銘，直到現在，我沒有手錶、手機，也不太理會跟我無關的事物，就是奉行「多一事不如少一事，一動不如一靜」的座右銘。第二個座右銘「沉默是金」，我奉行二、三十年，出版漫畫諸子百家思想系列出了名，必須接

受媒體採訪和演講才不得不稍做改變，講話多了一點。

年輕時我曾創辦「龍卡通」動畫公司，拍動畫廣告與動畫電影，由於我跟員工坐在一起沒自己的辦公室，幾天也沒說過一句話，很多新招聘進來的著色小姐都誤以為我是不會講普通話的日本人或香港仔，半個月之後才知道動畫公司的老闆就是我。由個人經驗，我很清楚一個人心中要有自己的想法，先將一把尺擺在心中作為一生行為的軌道，才不會一時糊塗走偏差了。

我讀書又快又雜，舉凡諸子百家、佛學、禪宗、聖經、印度中東宗教典籍、歐洲存在主義、西洋美術史、物理史、數學史等等。

我一生大約讀過兩萬本書，中國國學儒、釋、道三家中，我個人算是傾向禪宗了。

禪宗有一則香嚴上樹公案：

香嚴上樹
香嚴智閑對學僧說……
有個人爬到樹上，用嘴咬著樹枝，這時有人問他說：
請問什麼是佛法最精的大意？
這時他若不答，便是無視了問者之意；
但他若答，便會摔下而失去生命……
你們說，他應如何才能從這困境中脫出？
招上座答說：
我不問他在樹上怎麼辦，我問，他沒上樹前，是怎麼樣？
哈哈哈哈
在無言語之前的真理，應用無言語之前的生命去回答。

《孫子兵法》說：「運籌帷幄，決戰於千里之外。」

小事，很多人確實先做好評估，然後再依計畫執行。

但對於一生的大事，卻少有人在人生起跑點就為人生終點做好詳細計畫，乃至像清朝順治皇帝一樣，直到死前還不明白：「未曾生我誰是我？生我之時我是誰？」

由於清太宗皇太極突然駕崩，順治皇帝六歲登基，由叔父攝政王和碩睿親王多爾袞輔政，順治十八年，順治皇帝感染天花而駕崩，得年二十四歲。

據說順治生前很想學釋迦如來捨王宮出家修行而成正覺，他寫了一首出家詩：

未曾生我誰是我？生我之時我是誰？
長大成人方知我，合眼朦朧又是誰？
但願不來也不去，來時歡喜去時悲。
每日清閒誰多識，空在人間走一回。
口中吃得清和味，身上常穿補衲衣。

五湖四海為高客，逍遙佛殿任僧棲。

我們對於自己的人生要有想法，才不會像順治皇帝一樣，身居高位，但最終還是死得很遺憾。《菜根譚》除了用來閱讀以修身養性之外，也可以選擇書中名句作為人生的座右銘。

這本書的名句中，我最喜歡的一句是：

「休與小人仇讎，小人自有對頭。」

俗話說：穿草鞋的，不怕穿皮鞋的。小人敢捅你一刀，誰敢回捅他一刀？人生往往遭遇小人，內心不平衡時，這句話剛好受用，也很真實。跟小人計較，只會徒增困擾，小人的下場也確實大都敗在其他小人之手。人生是一趟最重要的旅程，從《菜根譚》名句中選擇自己的座右銘，擺在心中作為人生準則的一根尺，讓一生依計畫而行，更能掌握自己的人生方向與未來。

蔡志忠作品
菜根譚解密

作者：蔡志忠
責任編輯：鍾宜君
編輯協力：吳巧亮
美術設計：張士勇
校對：呂佳真
法律顧問：董安丹律師、顧慕堯律師
出版者：大塊文化出版股份有限公司
台北市105022南京東路四段25號11樓
www.locuspublishing.com

讀者服務專線：0800-006689
TEL：(02) 87123898　FAX：(02) 87123897
郵撥帳號：18955675　　户名：大塊文化出版股份有限公司

總經銷：大和書報圖書股份有限公司
地址：新北市新莊區五工五路2號
TEL：(02) 89902588（代表號）　　FAX：(02) 22901658
製版：瑞豐實業股份有限公司

初版一刷：2016年1月
初版三刷：2023年3月
定價：新台幣250元
Printed in Taiwan
ISBN：978-986-213-664-5

國家圖書館出版品預行編目(CIP)資料

菜根譚解密 / 蔡志忠作. -- 初版.
-- 臺北市 : 大塊文化, 2016.01
面；　公分. -- (蔡志忠作品)
ISBN 978-986-213-664-5(平裝)

1.修身

192.1　　104022181